PRÁCTICAS TÉCNICAS

Linux

Comandos básicos

Ejercicios y soluciones

4ª edición

46 preguntas tipo test
63 trabajos prácticos y sus respuestas
Más de **16 H** de prácticas

Nicolas Pons

ISBN: 978-2-409-05100-5
Edición original: 978-2-409-04086-3
Ediciones ENI es una marca comercial registrada de Ediciones Software.

Ediciones ENI
Pº Ferrocarriles Catalanes, 97-117, 2a pl. of. 18
08940 - Cornellà de Llobregat (Barcelona)

Tel: 934 246 401
Fax: 934 231 576

e-mail: info@ediciones-eni.com
http://www.ediciones-eni.com

Autor: Nicolas PONS
Colección **Prácticas Técnicas** dirigida por Émilie VILLETORTE

Para poder acceder durante un año
a la versión online de este libro,
envíenos su justificante de compra a

librodigital@ediciones-eni.com

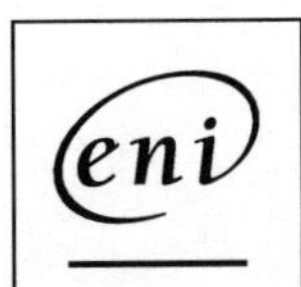

Enunciados

Capítulo 1: Conexión y primeros comandos

Capítulo 2: Documentación

Capítulo 3: Archivos

Capítulo 4: Edición de archivos de texto - Vi

Capítulo 5: Permisos de acceso a los archivos

Capítulo 6: Administración de procesos

Capítulo 7: Shell Bash

Capítulo 8: Programación y scripts Bash

Capítulo 9: Gestión de la cuenta de usuario

Capítulo 10: Herramientas Linux

Soluciones

Capítulo 1: Conexión y primeros comandos

Capítulo 2: Documentación

Capítulo 3: Archivos

Capítulo 4: Edición de archivos de texto - Vi

Capítulo 5: Permisos de acceso a los archivos

Capítulo 6: Administración de procesos

Capítulo 7: Shell Bash

Capítulo 8: Programación y scripts Bash

Capítulo 9: Gestión de la cuenta de usuario

Capítulo 10: Herramientas Linux

Objetivos/¿A quién va dirigido este libro?

Este libro ha sido concebido para entrenar al lector en la utilización básica del sistema GNU/ Linux. Aunque independiente del libro "Linux - Principios básicos de uso del sistema 8a edición" de la colección "Recursos Informáticos" de Ediciones ENI, los ejercicios de esta obra constituyen un perfecto entrenamiento a este último. Por esta razón, al comienzo de cada capítulo, la correspondencia con las secciones del libro "Linux - Principios básicos de uso del sistema 8a edición" permitirá al lector obtener fácilmente un complemento de información teórica antes de abordar los ejercicios.

Los ejercicios de esta obra se basan en diferentes distribuciones Linux, ejecutándose en un PC con arquitectura Intel principalmente las distribuciones RedHat Enterprise Linux, Debian y sus derivados; sin embargo, la mayoría de ellos pueden adaptarse a cualquier otra distribución Linux.

¿Cómo utilizar este libro?

Aunque es posible abordar cada capítulo independientemente, el orden influye en el buen desarrollo de los ejercicio. Es aconsejable seguir la cronología del libro para obtener los mismos resultados que los indicados en las correcciones. Cada capítulo se divide en varias secciones:

- Objetivos
- Material necesario
- Requisitos previos
- Enunciados
- Pistas para el enunciado
- Soluciones

Objetivos

Esta sección describe el contenido de los ejercicios que van a ser abordados en el capítulo.

Material necesario

Los elementos de configuración hardware y software, necesarios para el buen desarrollo y realización de los ejercicios, están detallados en esta sección.

Requisitos previos

Esta parte permite verificar los conocimientos teóricos. Se compone de preguntas de tipo test o de preguntas abiertas referentes a los conceptos que deben ser adquiridos antes de abordar la realización de los ejercicios.
Cada una de las preguntas de esta sección está numerada con el fin de encontrar más fácilmente la respuesta al final de la obra.

Enunciados

Esta sección reagrupa los enunciados de los ejercicios. Al igual que en los prerrequisitos, cada enunciado está numerado y su corrección se encuentra al final del libro.
Si el tema se presta a ello, se plantea una problemática en relación con el tema del capítulo al final de este bajo el título "Para ir más lejos"; una posible solución se detallará con el resto de las correcciones.

Pistas para el enunciado

Los índices proporcionados con ciertos puntos del enunciado recuerdan los comandos útiles y los puntos importantes de teoría que deben conocerse para responder al enunciado. Permiten avanzar más rápidamente en la realización de los ejercicios sin necesidad de revelar las soluciones.

Soluciones

Las correcciones están agrupadas al final de la obra. Están organizadas por capítulo y retoman la numeración de las secciones "Requisitos previos" y "Enunciados".

Convenciones tipográficas

Los comandos, opciones, nombres de conexión de los usuarios, nombres de variables y ejemplos de sintaxis están escritos siguiendo esta política: **`ejemplo de comando`**.
Los nombres de archivos y directorios, por su parte, están representados por el siguiente estilo: *ejemplo de nombre de archivo o directorio*.
Los ejemplos de línea de comandos se presentan de la siguiente manera y el prompt del shell indica la identidad del usuario:

```
[root]# una línea que comienza con el prompt "[root]#" significa que ha
estado transcrita como administrador de sistema de la máquina.
[nicolas]$ este prompt, que finaliza con el carácter "$", significa que el
comando ha estado introducido bajo la identidad del usuario "nicolas".
```

Para finalizar, los extractos de archivos de texto tienen la forma:

```
extracto de archivo de texto
```

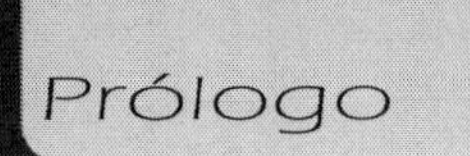

Teclado

El teclado de referencia de esta obra es del tipo 105 teclas español. El nombre y la disposición de las teclas es:

Una combinación de teclas expresadas con el carácter "-" como separador significa que será necesario presionar simultáneamente sobre las teclas enumeradas. Por ejemplo, [Ctrl]-[Alt]-[F1] significa que el usuario deberá presionar simultáneamente sobre las teclas [Ctrl], [Alt] y [F1].

Capítulo 1

Conexión y primeros comandos

Duración: 1 hora y 2 minutos

Palabras clave

conexión, sintaxis, línea de comandos, consola, terminal, identidad de los usuarios, contraseña, recuento, visualización, tiempo, desconexión.

Objetivos

Al finalizar este capítulo, será capaz de conectarse a un sistema GNU/ Linux y ejecutar sus primeros comandos en línea de comandos.

Estos ejercicios corresponden al capítulo 2 "Inicio de sesión y primeros comandos" del libro "Linux - Principios básicos de uso del sistema 8ª edición" de la colección Recursos Informáticos de Ediciones ENI.

Material necesario

Estos ejercicios pueden realizarse en cualquier distribución Linux donde el lector posea una cuenta de usuario válida; la cuenta de usuario **tux** con la contraseña "gnulinux" se utilizará en la corrección de los enunciados.

Una segunda cuenta de usuario **tux2** también con contraseña "gnulinux" se utilizará para la continuación de los enunciados.

Dicho esto, la configuración del sistema corresponde a una distribución de tipo RedHat Enterprise Linux o Debian donde se cuenta con distintas consolas virtuales en modo texto de forma predeterminada, así como una consola gráfica.

Requisitos previos

Para validar los requisitos previos necesarios, antes de iniciar el trabajo practico, responda las siguientes preguntas:

1. ¿Qué significan los acrónimos FSF, GNU y GPL?
2. ¿Qué es Linux?
    a. Un sistema operativo para microordenadores de tipo PC.
    b. Un núcleo de tipo UNIX desarrollado bajo licencia GPL.
    c. Un sistema operativo reservado para aplicaciones de cálculo en entorno universitarios.

3. ¿Qué representa el carácter "**$**" al comienzo de la línea de comandos?
   a. Nada.
   b. La línea de comandos del shell (o prompt) del administrador de sistema (**`root`**).
   c. La línea de comandos del shell (o prompt) de un usuario ordinario.
4. ¿Si consideramos las opciones **`o`** y **`p`** al igual que los argumentos **`arg1`** y **`arg2`**, qué sintaxis de comandos son correctas de entre las siguientes?
   a. **`$ comando arg1 arg2`**
   b. **`$ comando arg1arg2`**
   c. **`$ comando -o-p`**
   d. **`$ comando -p -o`**
   e. **`$ comando -o arg1 -p arg2`**
   f. **`$ comando -op arg1 arg2`**
5. ¿Qué comandos permiten borrar la pantalla por línea de comandos?
   a. **`wc`**
   b. **`clear`**
   c. **`cls`**
   d. Secuencia de teclas [Ctrl]-L.

Solución pág. 74

Enunciado 1.1 Consolas y terminales

Duración aproximada: 2 minutos

1. Verificar la presencia de los diferentes terminales virtuales (consolas en modo texto y una consola gráfica).

Pista para el enunciado 1.1

1. *En la mayoría de las distribuciones Linux, las teclas [F1] a [F6] representan seis consolas virtuales en modo texto y [F7] corresponde a la consola virtual gráfica.*
   Sin embargo en las últimas distribuciones RedHat, Fedora y Debian, por ejemplo, [F1] o [F2] corresponde a la consola gráfica, las consolas texto se representan por la tecla [F3] a [F6].

Solución pág. 74

Enunciado 1.2 Conexión, autenticación

Duración aproximada: 10 minutos

1. Conéctese a la tercera consola virtual texto (tty3) con el nombre de conexión **`tux`** y la contraseña "gnulinux".
2. Conéctese al cuarto terminal virtual texto (tty4) con el nombre de conexión **`tux2`** y la contraseña "gnulinux".
3. Si posee la contraseña de administrador, conéctese como **`root`** en el quinto terminal en modo texto (tty5). ¿Observa usted alguna diferencia con respecto a los otros terminales?
4. Cambie a la consola gráfica y conéctese de nuevo como usuario **`tux`**.
5. Inicie varios emuladores de terminal a partir de su sesión gráfica.

Pista para el enunciado 1.2

1. *El nombre de conexión (login) y la contraseña dependen de la cuenta de usuario previamente creada por el administrador del sistema GNU/Linux al que se conecte.*

Solución pág. 74

Enunciado 1.3 Identidad de los usuarios

Duración aproximada: 8 minutos

1. Vuelva a la tercera consola virtual (tty3) y liste de diferentes maneras los usuarios conectados al sistema.
2. Muestre únicamente la línea relativa a la conexión con su shell actual.
3. Vuelva a la cuarta consola virtual (tty4) y muestre el nombre de conexión (login) del usuario conectado.
4. Muestre la descripción de la cuenta de usuario **`tux`**.

Pistas para el enunciado 1.3

1. *Los comandos **`who`** y **`finger`** permiten listar los usuarios conectados al sistema.*
2. *Utilizar el comando **`who`**.*
3. *Utilizar el comando **`whoami`**.*
4. *Utilizar el comando **`finger`**.*

Solución pág. 78

Enunciado 1.4 Cambio de contraseña

Duración aproximada: 10 minutos

1. Vuelva a la tercera consola virtual (tty3) y modifique la contraseña de **`tux2`**. ¿Es posible?
2. Cambie su contraseña por "qdgj". ¿Es posible?
3. Cambie su contraseña por "qwertyui". ¿Es posible?
4. Modifique su contraseña a su conveniencia. Recuerde esta última para poderse reconectar posteriormente.
5. Cambie de nuevo su contraseña por "gnulinux". ¿Es posible?

Pistas para el enunciado 1.4

1. *Utilice el comando* **`passwd`**
2. *Escoja una contraseña autorizada por el sistema (con un mínimo de seis caracteres y no basada en palabras del diccionario).*

Solución pág. 79

Enunciado 1.5 Recuento

Duración aproximada: 5 minutos

1. ¿Cuántas líneas, palabras y caracteres comportan el archivo `/etc/services`?
2. ¿Cuántas cuentas de usuario están definidas en el sistema?

Pistas para el enunciado 1.5

1. *Utilice el comando* **`wc`**.
2. *Cada línea del archivo* `/etc/passwd` *define una cuenta de usuario.*

Solución pág. 80

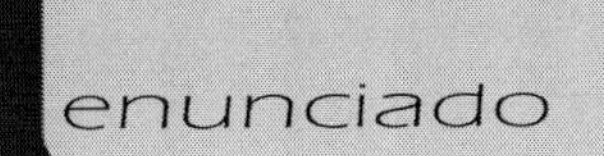

Enunciado 1.6 Visualización

Duración aproximada: 5 minutos

1. Borre la pantalla.
2. Visualice la cadena de caracteres "a b" sin las comillas (letras "a" y "b" separadas por un espacio).
3. Visualice la cadena de caracteres "a b" sin las comillas (letras "a" y "b" separadas por dos espacios). ¿Qué observa?
4. Visualice la cadena de caracteres "a	b" sin las comillas (letras "a" y "b" separadas por un tabulador). ¿Qué observa?

Pistas para el enunciado 1.6

1. *Utilice el comando* **`clear`**.
2. *Utilice el comando* **`echo`**.
4. *Puede ser necesario utilizar la secuencia de teclas [Ctrl]-V para desactivar la terminación de palabras con la tecla [Tab]; será entonces posible introducir una tabulación en la línea de comandos.*

Solución pág. 81

Enunciado 1.7 Tiempo

Duración aproximada: 10 minutos

1. Visualice la fecha del sistema.
2. Visualice el calendario del mes en curso.
3. Visualice el calendario del mes de enero del año 5, después el del año 2005. ¿Hay alguna diferencia?
4. Visualice el calendario del mes de septiembre de 1752. ¿Qué observa?

Pistas para el enunciado 1.7

1. *Utilice el comando* **`date`**.
2. *Utilice el comando* **`cal`**.
3. *Utilice el comando* **`cal`** *con los argumentos adecuados.*

Solución pág. 81

Enunciado 1.8 Utilización del ratón y del teclado

Duración aproximada: 10 minutos

1. Siempre en la tercera consola virtual texto (tty3), visualice el calendario del año 2005. ¿Puede ver los días de los meses de enero, febrero y marzo?
2. Desplácese horizontalmente con el fin de mostrar las líneas precedentes visualizadas en el terminal.
3. Borre la pantalla rápidamente.
4. Recuerde los comandos tecleados anteriormente.
5. Recupere los últimos comandos que contengan la cadena de caracteres "ho".
6. Ejecute el comando **`sleep 999`** y cancele su ejecución transcurridos unos pocos segundos.
7. Compruebe la terminación de palabras con comandos y nombres de archivos.
8. Vuelva a la consola gráfica y verifique la función de copiar/pegar del ratón.

Pistas para el enunciado 1.8

1. *Utilice el comando* **`cal`**.
5. *Utilice la secuencia de teclas [Ctrl]-R.*
6. *El comando* **`sleep`** *se limita a esperar el número de segundos indicados en el argumento.*

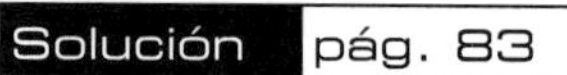

Enunciado 1.9 Desconexión

Duración aproximada: 2 minutos

1. Desconéctese de la sesión gráfica.
2. Desconéctese de todos los terminales virtuales texto de diferentes maneras.

Solución pág. 84

Capítulo 2

Documentación

Duración: 1 hora

Palabras clave

documentación, manual, info, HOWTO, web, grupos de discusión.

Objetivo

Al finalizar este capítulo, será capaz de encontrar la información necesaria para la utilización del sistema GNU/Linux en la documentación proporcionada.

Estos ejercicios corresponden al capítulo 3 "Documentación" del libro "Linux - Principios básicos de uso del sistema 8ª edición" de la colección Recursos Informáticos de Ediciones ENI.

Material necesario

Estos ejercicios pueden realizarse en cualquier distribución Linux donde el lector posea una cuenta de usuario válida; la cuenta de usuario **`tux`** se utilizará en la corrección de los enunciados.

Será necesaria una conexión a Internet para acceder a los sitios web y a los grupos de discusión enunciados al final del capítulo.

Requisitos previos

Para validar los requisitos previos necesarios, antes de iniciar el trabajo practico, responda las siguientes preguntas:

1. ¿En qué documentación se debe buscar para obtener información referente a un aspecto general del sistema GNU/Linux (red, impresión, particionamiento...)?
   - **a.** El manual electrónico.
   - **b.** La documentación Info.
   - **c.** La documentación HOWTO.
   - **d.** En el directorio */usr/share/doc*.
   - **e.** En Internet.

2. ¿En qué documentación se debe buscar para obtener información referente a un comando concreto del sistema GNU/Linux (**`wc`**, **`date`**, **`who`**, **`vi`**...)?
    a. El manual electrónico.
    b. La documentación Info.
    c. La documentación HOWTO.
    d. En el directorio */usr/share/doc*.
    e. En Internet.
3. La documentación GNU/Linux está disponible únicamente en formato texto:
    a. Verdadero
    b. Falso
4. ¿Qué secciones del manual electrónico corresponden a los comandos de usuario, a los comandos de administración y a los formatos de los archivos de configuración?
5. ¿Qué representan las direcciones de Internet siguientes?
    a. https://www.kernel.org
    b. http:s//www.gnu.org
    c. https://ldp.org
    d. es.comp.os.linux

Solución pág. 85

Enunciado 2.1 Manual electrónico

Duración estimada: 20 minutos

1. Conéctese a la tercera consola virtual texto (tty3) como el usuario **`tux`**.
2. Visualice la página del manual del comando **`man`**.
3. ¿En qué sección del manual se encuentra la página visualizada?
4. ¿Cuál es la sintaxis general del comando **`man`**?
5. Navegue en la página del manual indicada y encuentre el nombre del archivo de configuración del comando **`man`**.
6. Salga del manual electrónico.
7. Visualice la página del manual correspondiente al archivo de configuración del comando **`man`**.
8. ¿En qué sección del manual se encuentra la página visualizada?

9. ¿Qué otras páginas del manual están relacionadas con esta visualización?
10. Salga del manual electrónico y visualice la página del manual que trata de "signal" de la sección 7 (miscelánea).
11. De el nombre y una descripción breve de esta página del manual.
12. Salga del manual electrónico y visualice la página del manual del comando **date**. ¿Cómo visualizar la fecha del día en el formato "día_de_la_semana dia_del_mes/mes/año" (p.ej.: lunes 08/07/2018)?
Salga del manual electrónico.

Pistas para el enunciado 2.1

2. *Utilice el comando* **man**.
3. *La sección del manual electrónico está indicada entre paréntesis en la primera línea de la página.*
4. *La sintaxis del comando se resume en la categoría "SINOPSIS" de la página del manual.*
5. *Desplace la visualización con la ayuda de las teclas [Intro], [Espacio], [Re Pág], [Av Pág], [Flecha arriba] y [Flecha abajo] del teclado.*
9. *Las páginas relacionadas con el tema de la página presentada se indican en la categoría "VÉASE TAMBIÉN" (O "SEE ALSO") de la página del manual.*
10. *Es posible forzar la sección de la página buscada indicando ésta en el primer argumento en la línea de comandos.*
11. *El nombre y una descripción breve de la página del manual se indican en la categoría "NOMBRE" de la página del manual.*
12. *El formato de salida del comando* **date** *se indica por un argumento prefijado del carácter + (plus) seguido del formato, que es una cadena de caracteres compuestos de directrices que comienzan por el carácter %.*

Solución pág. 86

Enunciado 2.2 Documentación Info

Duración estimada: 5 minutos

1. Visualice la documentación Info.
2. Visualice la ayuda de la utilización del comando **info**.
3. Salga de la documentación Info.

Pista para el enunciado 2.2

1. *Utilice el comando* **`info`**.

Solución pág. 88

Enunciado 2.3 Documentación HOWTO

Duración estimada: 5 minutos

1. Si posee una conexión a Internet, busque sitios web que cuenten con documentos HOWTO Linux.

Pista para el enunciado 2.3

1. *Busque la cadena de caracteres "HOWTO" en el motor de búsqueda de Internet de su elección.*

Solución pág. 88

Enunciado 2.4 /usr/share/doc

Duración estimada: 5 minutos

1. Liste el contenido del directorio `/usr/share/doc` y recorra ciertos subdirectorios para visualizar el tipo de información disponible.

Pista para el enunciado 2.4

1. *Utilice los comandos* **`cd`** *y* **`ls`** *para navegar por la estructura de directorios.*

Solución pág. 88

Enunciado 2.5 Internet

Duración estimada: 10 minutos

1. Si posee una conexión a Internet, con la ayuda de un navegador web busque los sitios web que tienen como tema Linux.
2. Visite el sitio web de la distribución Linux que utilice.

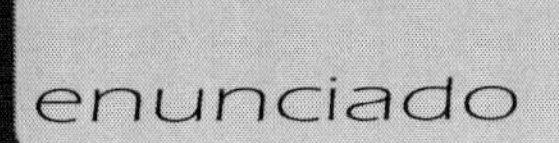

3. Visite los sitios web siguientes:
   - https://www.kernel.org
   - https://www.gnu.org
   - https://tldp.org

Solución pág. 88

Enunciado 2.6 Para ir más lejos

Duración estimada: 15 minutos

1. Compruebe si la herramienta **xman** (si está instalada en su sistema) para consultar las páginas del manual vistas anteriormente.
2. Compruebe si la herramienta **pinfo** (si está instalada en su sistema) para consultar la documentación Info.
3. Si posee una conexión a Internet, con la ayuda de un cliente NNTP (*Network News Transfer Protocol*), consulte los grupos de discusión relativos a Linux.

Pista para el enunciado 2.6

1. *Escriba el comando* **xman** *en un emulador de terminal a partir de la consola gráfica.*

Solución pág. 89

Capítulo 3

Archivos

Duración: 2 horas 35

Palabras clave

árbol de directorios, jerarquía, sistema de archivos, montaje, directorio, ruta, archivo, copia, inodo.

Objetivo

Al finalizar este capítulo, será capaz de moverse por el árbol de los sistemas de archivos Linux, de manipular los archivos y los directorios.

Estos ejercicios corresponden al capítulo 4 "El árbol de Linux" y 5 "Manipulación de archivos" del libro "Linux - Principios básicos de uso del sistema 8ª edición" de la colección Recursos Informáticos de Ediciones ENI.

Material necesario

Estos ejercicios pueden realizarse en cualquier distribución Linux donde el lector posea una cuenta de usuario válida; la cuenta de usuario **tux** se utilizará en la corrección de los enunciados.

Una llave USB en formato FAT32 se requiere para efectuar una parte de los ejercicios de este capítulo.

Requisitos previos

Para validar los requisitos previos necesarios, antes de iniciar el trabajo practico, responda las siguientes preguntas:

1. ¿Qué significa el carácter "." (punto) al principio del nombre de un archivo?
2. ¿Cuáles son los siete tipos de archivos en Linux?
3. ¿Qué tipo de ruta son las siguientes (absoluta, relativa, personal)?
   a. `/home/tux/.bashrc`
   b. `~nicolas/.bashrc`
   c. `/etc`
   d. `./services`
   e. `~Desktop`

f. *../home*

g. *fic*

4. ¿Qué comando permite cambiar de directorio actual?

a. **pwd**

b. **cd**

c. **mv**

d. **mkdir**

5. ¿Dónde se almacenan los nombres de archivos en un sistema de archivos Linux?

a. En los bloques de datos reservados a los archivos.

b. En el inodo de los archivos.

c. En los bloques de datos reservados a los directorios.

d. En el inodo de los directorios.

6. ¿Qué comandos permiten visualizar el contenido de un archivo de texto?

a. **cat**

b. **more**

c. **od**

d. **strings**

e. **less**

Solución pág. 91

Enunciado 3.1 Exploración del árbol de Linux

Duración estimada: 30 minutos

1. Conéctese a la tercera consola virtual texto (tty3) como el usuario **tux**.
2. Indique con un comando en que directorio se encuentra.
3. Vaya al directorio */usr/share/doc*, después verifique la ruta de su directorio actual.
4. Remonte al directorio padre y verifíquelo.
5. Vaya a su directorio personal sin teclear su ruta.
6. Vuelva al directorio precedente sin teclear su ruta.
7. Vuelva a su directorio personal y liste los archivos presentes.
8. Liste ahora todos los archivos (incluso los ocultos).

9. Visualice de forma detallada el contenido del directorio `/usr` sin cambiar de directorio de trabajo.

10. Visualice el árbol de archivos contenidos en `/var`, siempre sin cambiar de directorio de trabajo.

11. Visualice de forma detallada el contenido del directorio `/var/log` ordenando los archivos del más antiguo al más reciente.

12. Visualice la información detallada del directorio `/home` sin listar su contenido.

13. ¿Cuál es el formato de los archivos `/etc/passwd`, `/usr/bin/passwd`, `/bin/ls` y `/usr`?

14. Visualice también la información contenida en los inodos de los archivos anteriores.

Pistas para el enunciado 3.1

3. *Utilice el comando* **`cd`***; podrá ayudarse de la finalización de palabras con la tecla [Tab].*

4. *El directorio padre se referencia por "`..`".*

6. *El directorio precedente en el que usted se encontraba es `/usr/share`.*

7. *Utilice el comando* **`ls`***.*

10. *Utilice la opción volviendo al comando* **`ls`** *recursivamente.*

11. *Acumule diversas opciones del comando* **`ls`** *(visualización detallada, clasificación en función de la fecha de la última modificación, inversión del orden de la clasificación).*

12. *Acumule diversas opciones del comando* **`ls`** *(visualización detallada, visualización del directorio y nombre de su contenido).*

13. *Utilice el comando* **`file`***.*

14. *Utilice el comando* **`stat`***.*

Solución pág. 92

Enunciado 3.2 Consulta de archivos

Duración estimada: 10 minutos

1. Visualice el contenido del archivo `/etc/issue`. ¿Qué contiene?
2. Visualice página por página el contenido del archivo `/etc/services`. ¿Qué contiene?
3. Determine el formato del archivo `/bin/false` y visualice su contenido con el comando adecuado.
4. Consulte la página del manual del comando **`od`** y visualice ahora el contenido del archivo `/bin/false` en hexadecimal.
5. Visualice las cadenas de caracteres contenidas en el archivo `/bin/false`.

Pistas para el enunciado 3.2

1. *Utilice el comando* **`cat`**, **`more`** *o* **`less`**.
2. *Utilice el comando* **`more`** *o* **`less`**.
3. *Un archivo binario no debe visualizarse con la ayuda de herramientas reservadas a los archivos de texto. En efecto, ciertos caracteres no imprimibles contenidos en estos archivos pueden modificar el comportamiento del terminal si son visualizados como tales; esto puede acarrear por ejemplo una visualización como la siguiente en el terminal:*

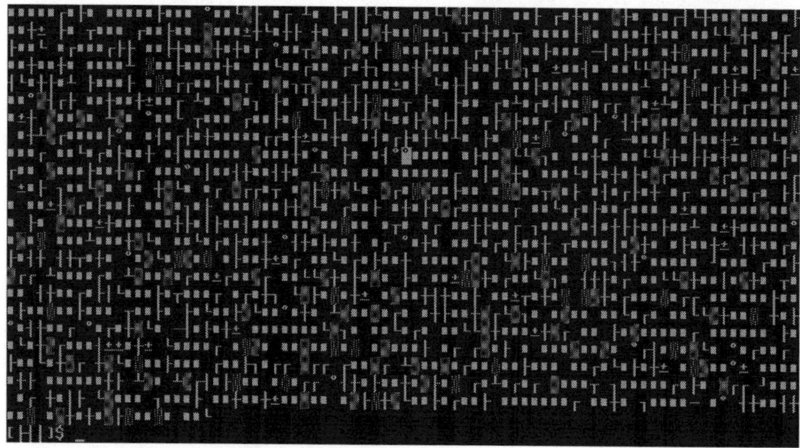

4. *Si se encuentra desafortunadamente en este caso, puede teclear el comando* **`reset`** *(a "ciegas") para reinicializar su terminal.*
5. *Utilice el comando* **`strings`**.

Solución pág. 96

Enunciado 3.3 Sistema de archivos extraíble

Duración estimada: 20 minutos

Las siguientes preguntas requieren la utilización de una memoria USB en formato en FAT32. Según los permisos acordados por el administrador en el archivo */etc/fstab*, los usuarios no pueden ser autorizados a efectuar un montaje; será necesario conectarse como **root**.

1. Conecte una llave USB al sistema y arranque su partición con ayuda de los últimos mensajes revueltos por el comando **dmesg** o con ayuda de comando **lsblk**. Monte esta llave USB en el directorio */mnt/usb* que ha creado con antelación.
2. Copie el archivo */etc/group* en el sistema de archivos montado anteriormente.
3. Visualice los diferentes permisos de los archivos */etc/group* y */mnt/usb/group*.
4. Desmonte el sistema de archivos de la memoria USB.
5. Si está conectado como **root**, desconéctese.

Pistas para el enunciado 3.3

1. *Utilice el comando* ***dmesg*** *y lea despacio los últimos mensajes devueltos por el comando. Las líneas buscadas son aquellas que indican un nombre de periférico que empieza por sd (SCSI disk), seguido de una letra (según el orden de aparición del periférico y de los discos ya existentes). Si hay una partición presente en la memoria USB, será identificada por un número después del nombre de este nuevo disco.*
2. *Utilice el comando* ***cp****.*
3. *Utilice el comando* ***ls****.*
4. *Utilice el comando* ***umount*** *con el punto de montaje del sistema de archivos o el nombre de periférico.*

Solución pág. 99

Enunciado 3.4 Directorios

Duración estimada: 15 minutos

1. Como **tux**, vaya a su directorio personal.
2. Cree un directorio con el nombre *capítulo3*.
3. Vaya a su directorio *capítulo3*.
4. Cree el árbol *dir1/dir2/dir3/dir4*.
5. Liste el contenido del directorio actual de forma recursiva.
6. Suprima el directorio *dir1*. ¿Es posible?

7. Suprima el árbol de directorios *dir1/dir2/dir3/dir4*, después verifíquelo listando el directorio actual de forma recursiva.
8. Cree ahora el árbol siguiente en su directorio actual (*/home/tux/capítulo3*) sin cambiar de directorio:

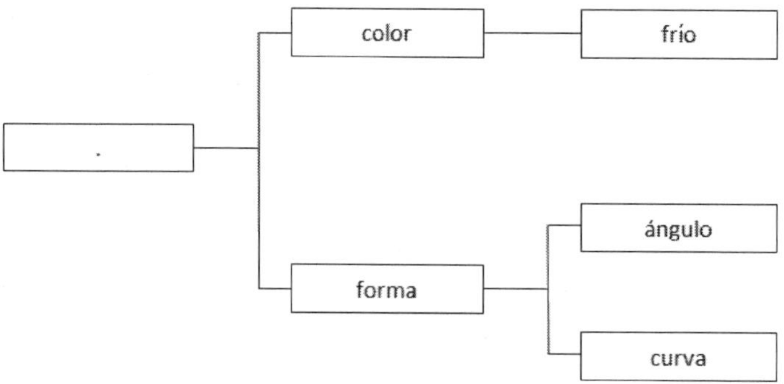

Pistas para el enunciado 3.4

1. *Utilice el comando* **cd**
2. *Utilice el comando* **mkdir**. *Asegúrese de especificar correctamente la ruta del directorio a crear, ya sea como ruta relativa, absoluta o personal.*
4. *Utilice el comando* **mkdir** *con la opción adecuada.*
5. *Utilice el comando* **ls** *con la opción adecuada.*
6. *Utilice el comando* **rmdir**.
7. *Utilice el comando* **rmdir** *con la opción adecuada.*
8. *Es posible pasar varios argumentos en el mismo comando* **mkdir**.

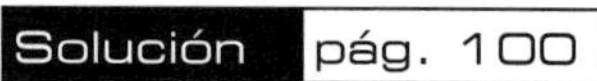
Solución pág. 100

Enunciado 3.5 Archivos

Duración estimada: 40 minutos

1. Copie el archivo */etc/services* en su directorio *capítulo3*.
2. ¿A quién pertenece el archivo que acaba de copiar? ¿Cuál es la fecha de la última modificación?
3. Cree archivos que no contengan ningún dato y con los nombres siguientes: *redondo*, *triángulo*, *cuadrado*, *rectángulo*, *verde* y *azul*.

4. Mueva el archivo *redondo* al directorio *curva*, y los archivos *triángulo*, *cuadrado* y *rectángulo* al directorio *ángulo*.
5. Mueva ahora los archivos *verde* y *azul* al directorio *frío*.
6. Vaya al directorio *color* y muestre el contenido del directorio de forma recursiva.
7. Copie el directorio *frío* con el nuevo nombre: *caliente*. ¿Es posible? ¿Cómo?
8. Vaya al directorio *caliente* y renombre el archivo *azul* como *rojo* y *verde* como *amarillo*.
9. Efectúe un vínculo duro ("hard link") con el nombre *rosa* hacia el archivo *rojo*.
10. Efectúe un vínculo simbólico ("soft link") con el nombre *naranja* hacia el archivo *rojo*.
11. ¿Cuál es el tipo, el tamaño, la fecha y el número de inodo de cada archivo presente en el directorio? ¿Que observa?
12. Efectúe un segundo vínculo simbólico con el nombre *naranjaAbsoluta* hacia el archivo *rojo* especificando esta vez el archivo *rojo* con una ruta absoluta.
13. Remonte al directorio *capítulo3* y renombre el directorio *color* como *pintura*. ¿Es necesario especificar una opción particular en el comando **mv**?
14. Intente visualizar el contenido de los archivos *naranja* y *naranjaAbsoluta*. ¿Funciona?
15. Liste la totalidad del árbol contenido en el directorio *capítulo3*.

Pistas para el enunciado 3.5

1. *Utilice el comando **cp**. Según los enunciados, se encuentra en el directorio /home/tux/capítulo3.*
3. *Utilice el comando **touch**.*
4. *Prefiera las rutas relativas para efectuar esta operación. Utilice el comando **mv**.*
5. *Prefiera las rutas relativas para efectuar esta operación.*
7. *Utilice el comando **cp** con la opción adecuada.*
9. *Utilice el comando **ln**.*
10. *Utilice el comando **ln** con la opción adecuada.*
11. *Utilice el comando **ls** con las opciones adecuadas.*

Solución pág. 102

Enunciado 3.6 Para ir más lejos

Duración estimada: 40 minutos

1. Utilice un administrador de archivos gráfico presente en su sistema y repita los ejercicios utilizando el nombre de directorio *capítulo3g* en lugar de *capítulo3* a partir del enunciado 3.4.

Solución pág. 106

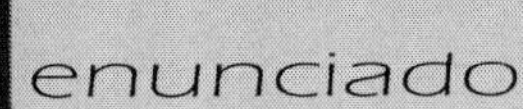

Capítulo 4

Edición de archivos de texto - Vi

Duración: 1 hora 30

Palabras clave

Editor, texto, vi, vim.

Objetivo

Al finalizar este capítulo, será capaz de editar archivos de texto con la ayuda del editor Vim disponible en Linux.

Estos ejercicios corresponden al capítulo 6 "Edición de archivos de texto - Vi" del libro "Linux - Principios básicos de uso del sistema 8ª edición" de la colección Recursos Informáticos de Ediciones ENI.

Material necesario

Estos ejercicios pueden realizarse en cualquier distribución Linux donde el lector posea una cuenta de usuario válida; la cuenta de usuario **tux** se utilizará en la corrección de los enunciados.

Requisitos previos

Para validar los requisitos previos necesarios, antes de iniciar el trabajo practico, responda las siguientes preguntas:

1. ¿En qué sistemas operativos se puede utilizar Vi?

- **a.** En GNU/Linux.
- **b.** En cualquier sistema Unix.
- **c.** En los sistemas Microsoft Windows.
- **d.** En Mac OS.
- **e.** En todos los sistemas operativos enunciados anteriormente y algunos otros.

2. ¿Es cierto que Vim posee las mismas funcionalidades que Vi?

- **a.** Si.
- **b.** No.

3. ¿Cuáles son los tres modos de funcionamiento de Vi?

4. ¿Cuál es la secuencia de teclas que permite salir de Vi en todo momento sin salvar las modificaciones aportadas al archivo?
   a. **:q**, luego [Entr]
   b. **:q!**, luego [Entr]
   c. [Esc], luego **:q**, luego [Entr]
   d. [Esc], luego **:q!**, luego [Entr]

Solución pág. 107

Enunciado 4.1 Inicialización y salida de Vi

Duración estimada: 2 minutos

1. Conéctese a la tercera consola virtual texto (tty3) como el usuario **tux**.
2. Inicie el editor de texto Vi sin argumento. ¿Qué observa?
3. Salga de Vi.
4. Edite ahora el archivo */etc/hosts*. ¿Qué significan los caracteres ~ situados al comienzo de línea?
5. Salga de Vi.

Pista para el enunciado 4.1

2. *A lo largo de estos ejercicios, podrá utilizar indiferentemente el comando* **vi** *o el comando* **vim**

Solución pág. 108

Enunciado 4.2 Comandos de desplazamiento

Duración estimada: 10 minutos

1. Edite el archivo */etc/services*.
2. Sin utilizar las teclas de dirección del teclado (flechas), desplace el cursor una línea hacia abajo.
3. Sin utilizar las teclas de dirección del teclado, desplace el cursor doce líneas hacia abajo.
4. Sin utilizar las teclas de dirección del teclado, desplace el cursor ocho líneas hacia arriba.
5. Sin utilizar las teclas de dirección del teclado, desplace el cursor dieciséis caracteres hacia la derecha.

6. Sin utilizar las teclas de dirección del teclado, desplace el cursor nueve caracteres hacia la izquierda.
7. Desplace el cursor al final de línea.
8. Desplace el cursor al principio de línea.
9. Desplace varias veces el cursor hasta el primer carácter de la palabra siguiente.
10. Desplace varias veces el cursor hasta el primer carácter de la palabra anterior.
11. Desplace varias veces el cursor hasta el último carácter de la palabra siguiente.
12. Desplace el cursor hasta la última línea del archivo.
13. Desplace el cursor hasta la primera línea del archivo.
14. Desplace el cursor a la línea 45 del archivo.
15. Desplace el cursor una página hacia arriba.
16. Desplace el cursor una página hacia abajo.

Solución pág. 111

Enunciado 4.3 Comandos de edición y de corrección

Duración estimada: 15 minutos

1. Desplace el cursor hasta el sexto carácter de la primera línea del archivo.
2. Inserte la cadena de caracteres "uno" delante del cursor en la línea actual.
3. Sin utilizar las teclas de dirección del teclado, desplácese tres caracteres hacia la derecha e inserte la cadena de caracteres "dos" después del cursor.
4. Inserte la cadena de caracteres "tres" al principio de la línea.
5. Inserte la cadena de caracteres "cuatro" al final de la línea.
6. Sin utilizar las teclas de dirección del teclado, desplace el cursor seis caracteres hacia la izquierda.
7. Suprima el carácter bajo el cursor.
8. Suprima el carácter situado delante del cursor.
9. Suprima los cinco caracteres precedentes al cursor.
10. Borre todos los caracteres situados desde el cursor hasta el final de línea.
11. Sin utilizar las teclas de dirección del teclado, desplace el cursor seis caracteres hacia la izquierda.
12. Borre todos los caracteres situados desde el inicio de línea hasta el cursor.

13. Pegue al final de línea el texto que acaba de “cortar”.
14. Borre la totalidad de la línea.
15. Copie la última línea del archivo y péguela al inicio del archivo.
16. Anule el último comando. ¿Es posible anular también los comandos anteriores?
17. Borre las cuatro primeras líneas del archivo.
18. Borre las cuatro líneas siguientes.

Pistas para el enunciado 4.3

2. *Debe entrar en modo "edición" de Vi.*
3. *No olvide volver al modo “comandos” antes de desplazar el cursor, y luego entrar nuevamente en el modo "edición".*
4. *Utilice el comando que permite pasar a modo “edición” insertando directamente al inicio de línea.*
5. *Utilice el comando que permite pasar a modo “edición” insertando directamente al final de línea.*
10. *Utilice el comando de borrado seguido del comando de desplazamiento adecuado.*
12. *Utilice el comando de borrado seguido del comando de desplazamiento adecuado.*
18. *Utilice el comando de repetición.*

Solución pág. 112

Enunciado 4.4 Comandos globales

Duración estimada: 10 minutos

1. Intente guardar las modificaciones que ha realizado en el archivo. ¿Es posible?
2. Guarde el trabajo en su directorio personal con el nombre de archivo `services2`.
3. Suprima la primera línea del archivo, después guárdelo y salga de Vi.
4. Abra de nuevo el archivo `/etc/services` y busque la cadena de caracteres "tcp".
5. Desplace el cursor de ocurrencia en ocurrencia de la cadena de caracteres "tcp".
6. Desplace siempre el cursor de ocurrencia en ocurrencia de la cadena de caracteres "tcp", pero esta vez, en el sentido inverso de la búsqueda.
7. Reemplace todas las cadenas de caracteres "udp" del archivo por "UDP".

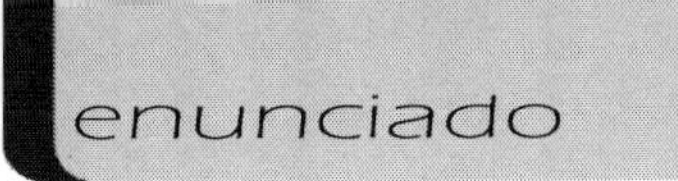

Pista para el enunciado 4.4

2. *Utilice una ruta personal para especificar el nuevo nombre del archivo.*

Solución pág. 113

Enunciado 4.5 Opciones del editor

Duración estimada: 10 minutos

1. Visualice todas las opciones del editor.
2. Visualice los números de líneas.
3. Defina el número de espacios a 2 para representar una tabulación.
4. Salga de Vi sin guardar y abra de nuevo el archivo `/etc/services`.
5. ¿Las opciones son siempre efectivas? ¿Cómo hacer para que estas modificaciones sean permanentes?

Pistas para el enunciado 4.5

2. *Active la opción adecuada.*
3. *Modifique el valor de la opción adecuada.*

Solución pág. 114

Enunciado 4.6 Para ir más lejos

Duración estimada: 40 minutos

1. Si el comando está presente en su sistema, inicie **`vimtutor`** y siga los ejercicios propuestos.
2. Busque y consulte la documentación existente que trate del editor de texto Vim.
3. Busque y utilice otros editores de texto de su distribución GNU/Linux.

Pista para el enunciado 4.6

2. *La documentación Linux fue abordada en el capítulo Documentación de esta obra.*

Solución pág. 115

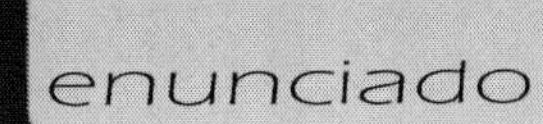

Capítulo 5

Permisos de acceso a los archivos

Duración: 1 hora 55

Palabras clave

cuenta, grupo, UID, GID, permisos, lectura, escritura, ejecución, SUID, SGID, Sticky Bit, notación octal, notación simbólica.

Objetivo

Al finalizar este capítulo, será capaz de modificar los permisos de acceso a los archivos y a los directorios con el fin de asegurar la confidencialidad de los datos almacenados en el sistema de archivos Linux.

Estos ejercicios corresponden al capítulo 7 "Permisos de acceso a los archivos" del libro "Linux - Principios básicos de uso del sistema 8ª edición" de la colección Recursos Informáticos de Ediciones ENI.

Material necesario

Estos ejercicios pueden realizarse en cualquier distribución Linux donde el lector posea una cuenta de usuario válida; la cuenta de usuario **`tux`** se utilizará en la corrección de los enunciados.

Una segunda cuenta de usuario **`tux2`** se utilizará para la continuación de los enunciados.

Requisitos previos

Para validar los requisitos previos necesarios, antes de iniciar el trabajo practico, responda las siguientes preguntas:

1. Un usuario ordinario se caracteriza por:
   a. Un UID igual a 0.
   b. Un grupo principal **`users`**.
   c. Un UID generalmente superior o igual a 1000.
   d. Una contraseña simple.
2. ¿Qué significan los permisos **`r`**, **`w`** y **`x`** asociados a un archivo ordinario?
3. ¿Qué significan los permisos **`r`**, **`w`** y **`x`** asociados a un directorio?
4. Convertir los permisos siguientes a notación octal: **`rwxr-xr--`**

5. Convertir los permisos siguientes a notación simbólica: **640**
6. ¿Qué permiso autoriza la ejecución de un programa bajo la identidad del propietario del archivo en lugar de la identidad del usuario que lo ejecuta?
   a. **x**.
   b. SUID.
   c. SGID.
   d. Sticky Bit.

Solución pág. 119

Enunciado 5.1 Cuentas de usuario y grupos

Duración estimada: 5 minutos

1. Conéctese a la tercera consola virtual texto (tty3) como el usuario **tux**.
2. Visualice su nombre de conexión y su UID. Proceda del mismo modo para las cuentas **tux2** y **root**.
3. Visualice los grupos a los que pertenece. Proceda del mismo modo para las cuentas **tux2** y **root**.

Pistas para el enunciado 5.1

2. *Utilice el comando* ***id***
3. *Utilice el comando* ***groups****.*

Solución pág. 120

Enunciado 5.2 Permisos por defecto

Duración estimada: 15 minutos

1. En su directorio personal, cree un directorio con el nombre *capítulo5*.
2. Vaya a su directorio *capítulo5* y verifíque su directorio actual.
3. Visualice la máscara que define los permisos por defecto en la creación de archivos. ¿Qué significa el valor visualizado?
4. Cree un archivo vacio *fic1* y un directorio *dir1*.
5. ¿Los permisos del archivo *fic1* y del directorio *dir1* corresponden al valor de la máscara visualizada anteriormente?

6. Modifique su máscara que define los permisos por defecto al valor **27**. ¿Qué significa?
7. Cree un archivo vacio *fic2* y un directorio *dir2*.
8. Verifique que los permisos del archivo *fic2* y del directorio *dir2* corresponden al nuevo valor de la máscara. ¿Los permisos del archivo *fic1* y del directorio *dir1* han cambiado?

Pistas para el enunciado 5.2

1. *Utilice el comando* **mkdir**.
3. *Utilice el comando* **umask**.
4. *Utilice los comandos* **touch** *y* **mkdir**.

Solución pág. 120

Enunciado 5.3 Permisos de los directorios

Duración estimada: 15 minutos

1. Dé los permisos **r**, **w** y **x** a otros usuarios al directorio *dir1* utilizando la notación simbólica.
2. Dé los mismos permisos que al directorio *dir1* a *dir2* utilizando la notación octal.
3. Cree el directorio */tmp/tux*. Asigne permisos de **r**, **w** y **x** para todos los usuarios.
4. Cree el archivo *secret* en el directorio */tmp/tux*.
5. Modifique los permisos del archivo *secret* dejando únicamente el permiso de lectura al usuario **tux**.
6. Conéctese a la cuarta consola virtual texto (tty4) como usuario **tux2**.
7. Como usuario **tux2**, ¿puede leer el archivo *secret* de **tux**?
8. Siempre como usuario **tux2**, ¿puede suprimir el archivo *secret* de **tux**? ¿Por qué?

Pistas para el enunciado 5.3

1. *Utilice el comando* **chmod**
2. *Utilice el comando* **chmod**

Solución pág. 122

Enunciado 5.4 Permisos y vínculos

Duración estimada: 20 minutos

1. Vuelva a la identidad del usuario **tux** en la tercera consola virtual (tty3) y vuelva al directorio */home/tux/capítulo5*.
2. Establezca su máscara al valor **002**.
3. Cree el directorio *docperso* y asígnele los permisos **700**.
4. Vaya al directorio *docperso*, cree los archivos *fica*, *ficb*, *ficc* y *ficd*. Luego liste de forma detallada el contenido del directorio.
5. Cree un vínculo duro ("hard link") */tmp/vínculofica* hacia el archivo *fica*, y un vínculo simbólico ("soft link") */tmp/vínculoficb* hacia el archivo *ficb*.
6. Vuelva a la identidad del usuario **tux2** en la cuarta consola virtual (tty4) e intente listar el contenido del directorio */home/tux/capítulo5/docperso*. ¿Es posible y por qué?
7. Visualice el contenido del archivo */tmp/vínculofica*. ¿Es posible y por qué?
8. Visualice el contenido del archivo */tmp/vínculoficb*. ¿Es posible y por qué?

Pista para el enunciado 5.4

5. *Asegúrese de crear un vínculo simbólico válido utilizando rutas absolutas.*

Solución pág. 123

Enunciado 5.5 SUID, SGID y Sticky Bit

Duración estimada: 20 minutos

1. Vuelva a la identidad del usuario **tux** en la tercera consola virtual (tty3).
2. ¿Cuáles son los permisos del comando **passwd** y del archivo */etc/shadow*? ¿Por qué son así?
3. Copie el comando **id** en */tmp*.
4. Establezca el permiso SUID en el archivo */tmp/id* copiado anteriormente.
5. Vuelva a la identidad del usuario **tux2** en la cuarta consola virtual (tty4) y liste los permisos del archivo */tmp/id*.
6. Como usuario **tux2**, ejecute el comando **id**, después el archivo */tmp/id*. ¿Qué observa?
7. ¿Cuáles son los permisos del comando **write** y del archivo de dispositivo */dev/tty3*? ¿Por qué son así?

8. Siempre como usuario **tux2**, intente suprimir el archivo */tmp/vínculofica* creado anteriormente por el usuario **tux**. ¿Es posible?

Pistas para el enunciado 5.5

2. *El archivo correspondiente al comando* **passwd** *se encuentra generalmente en el directorio /usr/bin.*
3. *El archivo correspondiente al comando* **id** *se encuentra generalmente en el directorio /usr/bin.*
4. *Utilice el comando* **chmod***.*
7. *El archivo correspondiente al comando* **write** *se encuentra generalmente en el directorio /usr/bin.*
8. *Liste los permisos del directorio /tmp.*

Solución pág. 125

Enunciado 5.6 Para ir más lejos

Duración estimada: 40 minutos

1. Utilice un administrador de archivos grafico presente en su sistema y repita los ejercicios utilizando el nombre de directorio *capítulo5g* en lugar de *capítulo5* a partir del enunciado 5.2.

Solución pág. 126

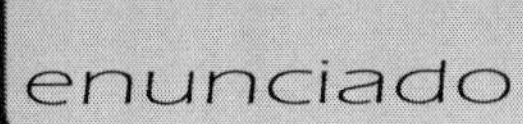

Capítulo 6

Administración de procesos

Duración: 1 hora

Palabras clave

procesos, PID, señal, primer plano, segundo plano.

Objetivo

Al finalizar este capítulo, será capaz de controlar los procesos que ejecute en un sistema GNU/ Linux.

Estos ejercicios corresponden al capítulo 8 "Administración de procesos" del libro "Linux - Principios básicos de uso del sistema 8ª edición" de la colección Recursos Informáticos de Ediciones ENI.

Material necesario

Estos ejercicios pueden realizarse en cualquier distribución Linux donde el lector posea una cuenta de usuario válida; la cuenta de usuario **`tux`** se utilizará en la corrección de los enunciados.

Requisitos previos

Para validar los requisitos previos necesarios, antes de iniciar el trabajo practico, responda las siguientes preguntas:

1. ¿Cómo distinguir los diferentes procesos que están ejecutándose en un sistema Linux?
2. Un proceso donde el PID es diferente de 1:
   a. tiene obligatoriamente un proceso padre.
   b. tiene obligatoriamente varios procesos hijo.
   c. se inicia sistemáticamente al arrancar el sistema.
3. ¿A qué corresponden las señales 1, 2, 9 y 15?
4. ¿Cómo se inicia un comando en primer plano?
5. ¿Cómo se inicia un comando en segundo plano?

Solución pág. 129

Enunciado 6.1 Visualización de procesos

Duración estimada: 15 minutos

1. Conéctese en la tercera consola virtual texto (tty3) como el usuario **`tux`**.
2. Visualice el resumen de las opciones posibles del comando **`ps`**.
3. Consulte la página del manual electrónico referente al comando **`ps`**.
4. Liste los procesos iniciados a partir de su shell actual.
5. Liste todos sus procesos en ejecución actualmente en el sistema.
6. Liste todos los procesos iniciados en el sistema (demonios inclusive) mostrando la identidad bajo la que se ejecutan.
7. Liste de nuevo todos los procesos en ejecución en el sistema de forma detallada empleando otras opciones del comando **`ps`**.
8. Visualice la jerarquía de procesos en ejecución en el sistema.

Pistas para el enunciado 6.1

2. *Utilice la opción GNU* **`--help`**.
3. *Utilice el comando* **`man`**.
5. *Utilice el comando* **`ps`** *con la opción adecuada.*
6. *Acumule varias opciones del comando* **`ps`**: *visualice todos los procesos, visualice los procesos no asociados a un terminal (demonios), visualice el UID bajo el que los procesos se ejecutan.*
7. *Acumule varias opciones del comando* **`ps`**: *visualice todos los procesos, visualización detallada.*
8. *Utilice el comando* **`pstree`**.

Solución pág. 130

Enunciado 6.2 Señales y comando kill

Duración estimada: 10 minutos

1. Liste las señales que pueden enviarse a los procesos.
2. ¿A quién corresponden esas señales y cuál es el comportamiento por defecto de los procesos cuando las reciben?
3. Intente detener un proceso perteneciente a otro usuario. ¿Es posible?

4. Ejecute el comando siguiente: **sleep 777**.
Conéctese como usuario **tux** en otro terminal y envié la señal SIGTERM al proceso **sleep 777**.

Pistas para el enunciado 6.2

1. *Utilice el comando **kill** con la opción adecuada.*
2. *Visualice la página "signal" de la séptima sección del manual electrónico.*

Solución pág. 134

Enunciado 6.3 Comando top

Duración estimada: 15 minutos

1. Visualice una lista refrescada en tiempo real de los procesos en ejecución en el sistema.
2. Visualice la ayuda incluida con el comando **top**.
3. Añada la columna **PPID** a la visualización del comando **top**.
4. Visualice ahora únicamente los procesos del usuario **tux**.
5. Envíe la señal 2 (SIGINT) al proceso **top** que utiliza actualmente, sin abandonar el comando. ¿Qué pasa?

Pistas para el enunciado 6.3

1. *Utilice el comando **top**.*
3. *Consulte la ayuda incluida con el comando **top**.*

Solución pág. 136

Enunciado 6.4 Manipulación de procesos

Duración estimada: 20 minutos

1. Ejecute el comando **sleep 1111** en segundo plano. ¿Qué significa lo que retorna a la pantalla?
2. Siempre en segundo plano ejecute los comandos **sleep 2222** y **sleep 3333**.
3. Ejecute en primer plano el comando **sleep 4444** y luego recupere el control de su shell actual.
4. Liste los trabajos (jobs) ejecutados a partir de su shell actual.

5. ¿Qué significan los caracteres + y - en la lista anterior?
6. Reanude en segundo plano la ejecución del proceso **sleep 4444** suspendido anteriormente.
7. Ejecute el comando **man sleep** y posiciónese en su final.
8. Suspenda el proceso **man** sin pararlo.
9. Pare el proceso **sleep 1111** utilizando su número de trabajo.
10. Pare el proceso **sleep 2222** utilizando esta vez su PID.
11. Pare el proceso **sleep 3333** con la secuencia de teclas [Ctrl]-C.
12. Vuelva a la página del manual anteriormente abierto. ¿Se encuentra siempre en el mismo lugar de la página?
13. Salga del manual electrónico.

Pistas para el enunciado 6.4

1. *Un proceso se lanza en segundo plano cuando se añade el carácter **&** al final de la línea de comandos.*
3. *La secuencia de teclas que permiten suspender un proceso en primer plano es [Ctrl]-Z.*
4. *Utilice el comando **jobs**.*
6. *Utilice el comando **bg**.*
9. *Utilice los comandos **jobs** y **kill**.*
10. *Utilice los comandos **ps** y **kill**.*
11. *Reinicie previamente el trabajo correspondiente en primer plano con el comando **fg**.*
12. *Utilice el comando **fg**.*

Solución pág. 138

Enunciado 6.5 Para ir más lejos

1. Utilice un administrador de procesos gráfico presente en su sistema y visualice los procesos.

Solución pág. 142

Capítulo 7

Shell Bash

Duración: 2 horas 15

Palabras clave

Shell, Bash, metacaracteres, caracteres genéricos, caracteres de escape, variable, redirección, tubería, alias, ejecución de comandos, sustitución de comandos.

Objetivo

Al finalizar este capítulo, comprenderá mejor el funcionamiento de la línea de comandos y aumentará su productividad empleando el shell Bash como intérprete de comandos.
Estos ejercicios corresponden al capítulo 9 "Shell Bash" del libro "Linux - Principios básicos de uso del sistema 8ª edición" de la colección Recursos Informáticos de Ediciones ENI.

Material necesario

Estos ejercicios pueden realizarse en cualquier distribución Linux donde el lector posea una cuenta de usuario válida; la cuenta de usuario **tux** se utilizará en la corrección de los enunciados.

Requisitos previos

Para validar los requisitos previos necesarios, antes de iniciar el trabajo practico, responda las siguientes preguntas:

1. ¿Por qué el término "interprete de comandos" está asociado al shell Bash en Linux?
2. Cite los metacaracteres del shell.
3. Cite los caracteres genéricos.
4. Cite los caracteres utilizados en las sustituciones de variables y de comandos.
5. Cite los caracteres de escape.
6. ¿Cuáles son los descriptores de archivos asociados por defecto a todos los procesos ejecutados en un sistema Linux?

Solución pág. 143

Enunciado 7.1 Variables

Duración estimada: 30 minutos

1. Conéctese en la tercera consola virtual texto (tty3) como el usuario **tux**.
2. Liste todas las variables definidas en su entorno shell.
3. Asigne la cadena de caracteres "abc" a la variable **var1**, después visualice de nuevo la lista de las variables definidas en el entorno shell.
4. Visualice el contenido de la variable **var1**.
5. Visualice el contenido de la variable **var2**. ¿Genera un error?
6. Visualice el contenido de la variable **HOME**. ¿Qué representa esta variable?
7. Modifique el valor de la variable **HOME** por "/tmp" después ejecute el comando **cd** y visualice su directorio de trabajo.
8. Modifique el valor de la variable **LANG** por "C", después consulte la página del manual electrónico referente al comando **bash**. ¿En qué idioma se visualiza la página del manual?
9. Busque en la página del manual electrónico anteriormente abierta la sección "PROMPTING" y modifique su prompt para visualizar la fecha y el nombre de la máquina.
10. Desconéctese, y reconéctese a la tercera consola virtual texto (tty3) como usuario **tux**, después verifique los valores anteriormente modificados.
11. Asigne la cadena de caracteres "Bond" a la variable **var3**.
12. Visualice la cadena de caracteres "Bond, James Bond." utilizando el contenido de la variable **var3**.
13. Visualice la cadena de caracteres "Bondir" utilizando el contenido de la variable **var3**.
14. Asigne la cadena de caracteres "lu" a la variable **var4** y la cadena de caracteres "nes" à la variable **var5**, después asigne la cadena de caracteres "lunes" a la variable **var6** reutilizando el contenido de las variables **var4** y **var5**.
15. Suprima las variables **var4**, **var5** y **var6** de su entorno shell.
16. Inicie un nuevo shell con el comando **bash**. ¿La variable **var3** está definida en el nuevo entorno shell? Luego vuelva a su shell anterior.
17. Haga que la variable **var3** este definida en los entornos de los procesos hijos, y verifíquelo.

Pistas para el enunciado 7.1

2. *Utilice el comando* **`set`**.
3. *La asignación de una variable se realiza con la ayuda del carácter* = *y no debe haber espacios alrededor del carácter* =.
4. *Utilice el carácter* **$** *para referenciar una variable definida en el entorno del shell.*
6. *Preste atención a introducir el nombre de la variable* **`HOME`** *en mayúsculas.*
7. *El comando* **`cd`** *reenvía al usuario a su directorio personal. Utilice el comando* **`pwd`** *para visualizar el directorio de trabajo actual.*
8. *Utilice el comando* **`man`**.
9. *La búsqueda en una página del manual se realiza de la misma manera que en el editor de texto Vi. La línea de comandos del shell (prompt) se define por la variable* **`PS1`**; *es necesario escribir el valor entre comillas o apóstrofes en una asignación cuando la cadena de caracteres contiene espacios.*
13. *Cuando el nombre de una variable es ambiguo en la línea de comandos, es posible delimitar su nombre con la sintaxis* **`${}`**.
15. *Utilice el comando* **`unset`**.
17. *Utilice el comando* **`export`**.

Solución pág. 144

Enunciado 7.2 Caracteres genéricos, caracteres de expansión

Duración estimada: 20 minutos

1. Vaya al directorio `/etc`.
2. Liste todos los archivos donde el nombre comience por la letra "r". ¿El resultado del comando es lo esperado?
3. Liste de nuevo todos los archivos donde el nombre comience por la letra "r" sin visualizar el contenido de los directorios correspondientes.
4. Visualice todos los archivos donde el nombre contenga la cadena de caracteres "rc".
5. Visualice todos los archivos donde el nombre conste de tres caracteres.
6. Visualice todos los archivos donde el nombre comience por la cadena de caracteres "rc", seguido de un carácter cualquiera, y termine por la cadena de caracteres ".d".
7. Visualice los archivos donde los nombres sean *`rc2.d`*, *`rc3.d`* y *`rc4.d`*.
8. Visualice todos los archivos donde el nombre no comience por las letras "a", "b" y "c".

9. Visualice todos los archivos donde el nombre comience por una letra mayúscula.
10. Liste todos los archivos donde el nombre termine por la cadena de caracteres "conf" o "config".
11. Liste todos los archivos donde el nombre:
    - comience por una minúscula,
    - seguido de un número cualquiera de caracteres,
    - seguido de la letra "a", después obligatoriamente de otro carácter,
    - seguido de la extensión ".conf" o ".config".

Pistas para el enunciado 7.2

2. *Utilice el carácter genérico* *****.
3. *Utilice el comando* **`ls`** *con la opción adecuada.*
5. *Utilice el carácter genérico ?.*
7. *Utilice los caracteres genéricos* **`[]`**.
9. *Utilice la clase de caracteres* **`[:upper:]`**. *Es posible también utilizar el patrón* **`[A - Z]`**, *pero es necesario en este caso asegurarse del comportamiento del Bash quien depende del idioma utilizado para distinguir las mayúsculas de las minúsculas; para tener un comportamiento estándar, lo más simple es definir la variable* **`LC_ALL`** *a* **`C`** *(POSIX) con el comando* **`export LC_ALL = C`**.
10. *Utilice los caracteres genéricos* **`{ }`**.
11. *Utilice todos los caracteres genéricos vistos anteriormente y la clase de caracteres* **`[:lower:]`**.

Solución pág. 149

Enunciado 7.3 Caracteres de escape

Duración estimada: 5 minutos

1. Ejecute los comandos siguientes y explique sus resultados:
    - **`echo a b`**
    - **`echo a   b`**
    - **`echo "a    b"`**
    - **`echo 'a     b'`**
    - **`echo a\ \ \  b`**

   ¿Cuántos argumentos hay para cada uno de estos comandos?
2. Vaya al directorio / y teclee el comando **`echo *`**. ¿Cuál es su resultado? ¿Por qué?

3. ¿Cómo visualizar literalmente la cadena de caracteres "el carácter * es un carácter genérico"?
4. ¿Cómo visualizar literalmente la cadena de caracteres "la variable referenciada por $var3"?

Pistas para el enunciado 7.3

1. *Introduzca el número exacto de espacios indicados en el enunciado.*
3. *Utilice los caracteres de escape.*
4. *Utilice los caracteres de escape ' o \.*

Solución pág. 151

Enunciado 7.4 Redirecciones y tuberías

Duración estimada: 40 minutos

1. Ejecute el comando **cat** sin argumentos, después teclee algunas palabras y finalícelo normalmente. ¿Qué observa?
2. Ejecute el comando **wc** sin argumentos, después teclee algunas palabras y finalícelo normalmente. ¿Qué observa?
3. Utilice el comando **cat** para visualizar el contenido del archivo */etc/hosts* de dos maneras: pasando el nombre del archivo como argumento, después utilizando una redirección.
4. Utilice el comando **wc** para contar el número de líneas del archivo */etc/passwd* de dos maneras: pasando el nombre del archivo como argumento, después utilizando una redirección. ¿Qué observa?
5. Utilice el comando **cat** para escribir algunas palabras en el archivo */tmp/ficcat*.
6. Utilice el comando **cat** sin argumentos para copiar el archivo */tmp/ficcat* en */tmp/ficcat2*.
7. Utilice el comando **cat** para añadir algunas palabras al archivo */tmp/ficcat* existente.
8. Utilice el comando **cat** para concatenar el contenido de los archivos */tmp/ficcat* y */etc/hosts* en el archivo */tmp/ficcat3*.
9. Vaya al directorio */etc* y redirija la salida del comando **ls** a el archivo */tmp/ls.out*. ¿Qué contiene ese archivo?
10. Utilice el comando **wc** sin argumentos para contar el número de líneas contenidas en el archivo */tmp/ls.out*.

11. ¿Cuántos archivos hay en el directorio `/etc`? Suprima el archivo `/tmp/ls.out`.

12. Sin utilizar un archivo intermedio, cuente de nuevo el número de archivos presentes en el directorio `/etc`.

13. Empleando una tubería (o "pipe"), cuente de nuevo el número de archivos presentes en el directorio `/etc`, escribiendo el resultado del comando **`ls`** en el archivo `/tmp/ls.out`.

14. Ejecute el comando **`ls /etc/passwd glop`** y anote su resultado.

15. Ejecute el comando **`ls /etc/passwd glop`** redirigiendo las salidas al archivo `/tmp/ls.out` y los mensajes de error al archivo `/tmp/ls.err`.

16. Ejecute el comando **`ls /etc/passwd glop`** redirigiendo las salidas al archivo `/tmp/ls.out` y suprimiendo los mensajes de error.

17. Ejecute el comando **`ls /etc/passwd glop`** redirigiendo las salidas y los mensajes de error al archivo `/tmp/ls.out`.

Pistas para el enunciado 7.4

5. *Redirija la salida del comando con el carácter* **>**.

6. *Redirija la entrada del comando con el carácter* **<** *y la salida con el carácter* **>**.

7. *Redirija la salida del comando con los caracteres* **>>**.

8. *Redirija la salida del comando con el carácter* **>**.

10. *Redirija la entrada del comando con el carácter* **<**.

12. *Utilice una tubería (o "pipe"): carácter* **|**.

13. *Utilice el comando* **`tee`** *para generar una salida intermedia.*

15. *Redirija la salida del comando con el carácter* **>**, *y el error con los caracteres* **2>**.

16. *Redirija los mensajes de error del comando al archivo especial* `/dev/null`.

17. *Redirija los mensajes de error del comando al mismo sitio que la salida con los caracteres* **2>&1**.

Solución pág. 153

Enunciado 7.5 Alias

Duración estimada: 15 minutos

1. Elabore la lista de los alias definidos en su entorno shell.
2. Si el alias **`ls='ls --color=tty'`** no está definido, créelo.
3. Utilice el comando **`ls`** para visualizar el contenido del directorio `/etc`. ¿Qué significan los colores visualizados?
4. Fuerce la ejecución del comando **`ls`** sin utilizar el alias anteriormente definido.
5. Defina el alias **`cd..`** permitiendo ir al directorio padre (como en DOS).
6. Suprima el alias **`cd..`** creado anteriormente.

Pistas para el enunciado 7.5

1. *Utilice el comando* ***`alias`****.*
2. *Utilice el comando* ***`alias`****.*
4. *Prefije el comando de carácter \ o emplee el comando* ***`command`***
6. *Utilice el comando* ***`unalias`****.*

Solución pág. 157

Enunciado 7.6 Ejecución y sustitución de comandos

Duración estimada: 15 minutos

1. Determine la naturaleza (alias, comando interno del shell, comando externo del shell) de los comandos **`cd`**, **`vi`**, y **`find`**.
2. Determine rápidamente el emplazamiento de los comandos **`grep`**, **`ls`** y **`fdisk`** en el sistema de archivos.
3. Cuente el número de procesos ejecutándose actualmente en su sistema.
4. Visualice la cadena de caracteres "hay actualmente N procesos" donde N es el resultado del comando anterior.
5. Defina el alias **`nbps`** que retorne la cadena de caracteres anterior.

Pistas para el enunciado 7.6

1. *Utilice el comando* **`type`**.
2. *Utilice el comando* **`whereis`**.
3. *Utilice la opción* **`--no-heading`** *del comando* **`ps`** *que permitirá eliminar la línea de cabecera en el resultado del comando, después cuente el número de líneas devueltas.*
4. *Utilice la sustitución de comandos con la sintaxis* **`$()`** *o la sintaxis* ` `` `.

Solución pág. 158

Enunciado 7.7 Opciones del shell Bash

Duración estimada: 10 minutos

1. Liste las opciones de su shell.
2. Asigne la cadena de caracteres "DEPURAR>> " a la variable **`PS4`**.
3. Active la opción del shell **`xtrace`**.
4. Teclee el comando **`cd /etc ; ls -d X*`**. ¿Qué observa?
5. Desactive la opción **`xtrace`**.

Pista para el enunciado 7.7

1. *Utilice el comando* **`set`** *con la opción adecuada.*

Solución pág. 159

Capítulo 8

Programación y scripts Bash

Duración: 2 horas 45

Palabras clave

Script de shell, código de retorno, test, operación aritmética, estructuras de control, bucle, condición

Objetivo

Al finalizar este capítulo, será capaz de automatizar la ejecución de trabajos a partir de los elementos estudiados anteriormente. Las funcionalidades abordadas le permitirán crear sus propios scripts de shell, programas desarrollados en lenguaje Bash.

Estos ejercicios corresponden al capítulo 10 "Programación y scripts Bash" del libro Linux - Principios básicos de uso del sistema 8ª edición" de la colección Recursos Informáticos de Ediciones ENI.

Material necesario

Estos ejercicios pueden realizarse en cualquier distribución Linux donde el lector posea una cuenta de usuario válida; la cuenta de usuario **tux** se utilizará en la corrección de los enunciados.

Requisitos previos

Para validar los requisitos previos necesarios, antes de iniciar el trabajo practico, responda las siguientes preguntas:

1. ¿Qué significan los caracteres. (punto) en el comando siguiente?
```
$ . ./.bashrc
```

2. ¿Cuál es la sintaxis de los comentarios en un script de shell?

- **a.** `/* comentario */`
- **b.** `// comentario`
- **c.** `# comentario`
- **d.** `<!-- comentario -->`

3. ¿Cuál es el valor del código de retorno de un comando que se ha desarrollado correctamente?

- **a.** 0.
- **b.** 1.

c. 12.

d. 257.

4. ¿Qué comandos permiten comprobar la igualdad numérica entre la variable **x** y la variable **y**?

a. `[ $x -eq $y ]`

b. `(( $x -eq $y ))`

c. `test $x -eq $y`

d. `[ $x = $y ]`

e. `(( $x = $y ))`

f. `test $x = $y`

g. `[ $x == $y ]`

h. `(( $x == $y ))`

Solución pág. 161

Enunciado 8.1 Llamada y ejecución de scripts de shell

Duración estimada: 20 minutos

1. Conéctese en la tercera consola virtual texto (tty3) como el usuario **tux**.
2. En su directorio personal, cree el subdirectorio *bin* que será utilizado para almacenar todos los scripts de shell escritos más tarde y colóquelos en ese directorio.
3. Cree el script de shell *01llamada* que efectúe las operaciones siguientes:
   - Asignar la cadena de caracteres "abc" a la variable **var**.
   - Visualice la cadena de caracteres "la variable $var tiene por valor :", seguido del contenido de la variable **var**.
   - Efectuar una pausa de tres segundos.
4. Ejecute el script de shell *01llamada* de la manera siguiente:
   bash 01llamada
   Tras finalizar la ejecución del script, ¿cuál es el valor de la variable **var** en su entorno shell? ¿Por qué?
5. Ejecute el script de shell *01llamada* de la manera siguiente:
   01llamada
   ¿Es posible? ¿Por qué?
6. Añada el permiso de ejecución al script *01llamada* para el propietario del archivo y añada la ruta de su directorio *bin* a la variable de entorno **PATH** si todavía no lo está.

7. Ejecute el script de shell *01llamada* de la manera siguiente:
01llamada
Tras finalizar la ejecución del script, ¿cuál es el valor de la variable **var** en su entorno shell? ¿Por qué?
8. ¿Qué shell ha utilizado para interpretar el script *01llamada* llamado anteriormente? Tenga en cuenta que debe ser obligatoriamente un shell Bash.
9. Ejecute el script de shell *01llamada* de la manera siguiente:
. 01llamada
Al finalizar la ejecución del script, ¿cuál es el valor de la variable **var** en su entorno shell? ¿Por qué?
10. Ejecute el script de shell *01llamada* de la manera siguiente:
exec 01llamada
¿Qué ocurre? ¿Por qué?

Pistas para el enunciado 8.1

3. *Puede utilizar el editor* **vi** *o* **vim** *para crear ese archivo.*
6. *Utilice el comando* **chmod**
8. *Para imponer un intérprete en lugar de otro, existe un comentario especial (shebang) que se coloca en la primera línea del script:* **#!** *seguido de la ruta hacia el intérprete deseado.*

Solución pág. 162

Enunciado 8.2 Código de retorno

Duración estimada: 5 minutos

1. Reconéctese a la tercera consola virtual texto (tty3) como el usuario **tux**.
2. Teclee el comando **ls /etc/passwd** y visualice su código de retorno.
3. Teclee el comando **ls glop** y visualice su código de retorno.
4. Visualice de nuevo el código de retorno del último comando. ¿Es el mismo?
5. Vaya a su directorio *bin* y modifique el script *01llamada* de modo que reenvíe un código de retorno igual a 2 después verifíquelo.

Pistas para el enunciado 8.2

2. *La variable especial* **$?** *contiene el código de retorno del último comando ejecutado.*

5. *Utilice el comando* **`exit`**.

Solución pág. 164

Enunciado 8.3 Encadenamiento de comandos

Duración estimada: 5 minutos

1. Visualice la fecha del sistema y la lista de los archivos presentes en el directorio actual en una sola línea de comando.
2. Visualice el contenido del archivo `/etc/hosts` si existe.
3. Cree el archivo vacio `/tmp/glop` si no existe.

Pistas para el enunciado 8.3

1. *Efectúe un encadenamiento de comandos con el carácter* `;` *(punto y coma).*
2. *Utilice el código de retorno del comando* **`ls`** *para saber si el archivo* `/etc/hosts` *existe, después efectúe un encadenamiento de comandos condicional con los caracteres* **`&&`**.
3. *Utilice el código de retorno del comando* **`ls`** *para saber si el archivo* `/tmp/glop` *existe, después efectúe un encadenamiento de comandos condicional con caracteres* `||`.

Solución pág. 165

Enunciado 8.4 Variables especiales

Duración estimada: 30 minutos

1. En su directorio `bin`, cree el script de shell `02varspec` que efectúe las operaciones siguientes:
   - Visualizar el nombre del script de shell.
   - Visualizar el PID del script de shell.
   - Visualizar el PID del proceso padre.

   Cada visualización debe estar precedida de un enunciado (ejemplo: para el nombre del script: mi nombre es: "nombre del script de shell").
   Luego, modifique los permisos del archivo para poder instanciarlo por su nombre.

2. Visualice el PID de su shell actual, después ejecute el script *02varspec* de las tres maneras siguientes:
   bash 02varspec
   02varspec
   . 02varspec
   ¿Los resultados son los esperados?
3. Copie el script *02varspec* en *03param* y modifique este para:
   - visualizar el nombre de argumentos pasados por la línea de comandos,
   - visualizar los tres primeros parámetros posicionales.
4. Verifique su script de shell *03param* con los argumentos siguientes:
   a b c d
   "a b" c d
   a b c\ d
   a 'b c' d
5. Añada las operaciones siguientes al script *03param*:
   - Desplazar dos posiciones los parámetros.
   - Visualizar de nuevo los tres primeros parámetros posicionales.

   Verifique de nuevo el script con los argumentos siguientes:
   a b c d
6. Modifique el script *03param* del siguiente modo:
   - Visualizar el onceavo parámetro posicional además de los tres primeros.
   - Visualizar el conjunto de parámetros posicionales antes y después del desplazamiento con el comando **shift**.

   Verifique el script con los argumentos siguientes:
   a b c d e f g h i j k l m o

Pistas para el enunciado 8.4

1. *Utilice respectivamente las variables **$0**, **$$** y **PPID** para obtener el nombre, el PID, y el PID del padre del script de shell.*
   *Utilice el comando **chmod** para modificar los permisos del archivo.*
3. *El número de parámetros posicionales está contenido en la variable especial **$#**; los parámetros posicionales están contenidos en las variables **$1**, **$2**, **$3**...*
5. Utilice el comando ***shift***.
6. *Utilice la sintaxis **${}** para referenciar el onceavo parámetro posicional. Las variables especiales **$*** y **$@** contienen, cada una, el conjunto de los parámetros posicionales pasados en la línea de comandos.*

Solución pág. 166

Enunciado 8.5 Test de archivos

Duración estimada: 20 minutos

1. En su directorio *bin*, cree el script de shell *04archivo* que efectué los test siguientes a un archivo pasado como argumento:
   - Si le archivo no existe, salir con un código de retorno igual a 1.
   - Visualizar si el archivo es un archivo estándar o no.
   - Visualizar si el archivo es un directorio o no.
   - Visualizar las autorizaciones que posee sobre el archivo (lectura, escritura y ejecución).
   - Visualizar si el archivo contiene datos o no.
2. Verifique el script de shell *04archivo* sucesivamente con los archivos */glop*, */etc/hosts*, */bin/ls* y */home*.

Pista para el enunciado 8.5

1. *Utilice el comando* **test** *con la sintaxis* **[]**.

Solución pág. 168

Enunciado 8.6 Test de cadenas de caracteres

Duración estimada: 15 minutos

1. En su directorio *bin*, cree el script de shell *05cadena* que efectúe los test siguientes en dos cadenas de caracteres pasadas como argumento:
   - Si al menos una de las dos cadenas de caracteres pasadas como argumento es nula, salir con código de retorno igual a uno.
   - Visualizar si las cadenas de caracteres son idénticas o no.
2. Verifique el script de shell *05cadena* con los argumentos siguientes:

```
abc ""
"" abc
"" ""
abc abc
abc ABC
abc "abc "
```

Pista para el enunciado 8.6

1. *Utilice el comando* **test** *con la sintaxis* **[]**.

Solución pág. 169

Enunciado 8.7 Test y operaciones aritméticas

Duración estimada: 30 minutos

1. En su directorio *bin*, cree el script de shell *06max* que retorne el mayor de los dos argumentos pasados como parámetros. Utilice el comando **test** con la sintaxis **[]**.
2. Verifique el script de shell *06max* con los argumentos siguientes:
   12
   12 34
   12 6
   12 12
   12 " 34"
3. Cree ahora el script de shell *07min* que retorne el menor de los dos argumentos pasados como parámetros.
   Utilice esta vez el comando **let** con la sintaxis **(())**.
4. Verifique el script de shell *07min* con los argumentos siguientes:
   12
   12 34
   12 6
   12 12
   12 " 34"
5. Cree el script de shell *08div* que retorne el resultado de la división entre el primer y el segundo argumento.
6. Verifique el script de shell *08div* con los argumentos siguientes:
   12
   12 0
   12 2
   12 5
   12 14

Pistas para el enunciado 8.7

1. *Efectúe las operaciones siguientes en el script:*
   - *Si el número de argumentos es diferente de 2, salir con un código de retorno igual a 1.*
   - *Visualizar el número mayor o el valor del primero en caso de igualdad.*
3. *Efectúe las operaciones siguientes en el script:*
   - *Si el número de argumentos es diferente de 2, salir con un código de retorno igual a 1.*
   - *Visualizar el número menor o el valor del primero en caso de igualdad.*

5. *Efectúe las operaciones siguientes en el script:*
   - *Si el número de argumentos es diferente de 2, salir con un código de retorno igual a 1.*
   - *Si el segundo parámetro es igual a 0, salir con un código de retorno igual a dos.*
   - *Visualizar el resultado de la división.*

Solución pág. 170

Enunciado 8.8 Scripts interactivos

Duración estimada: 10 minutos

1. En su directorio `bin`, cree el script de shell `09mult` que pida introducir dos números y que retorne el resultado de la multiplicación de esos dos números.
2. Verifique el script de shell `09mult` con los números 12 y 3.

Pista para el enunciado 8.8

1. *Utilice el comando* **`read`**

Solución pág. 172

Enunciado 8.9 Para ir más lejos

Duración estimada: 30 minutos

1. Escriba el script de shell `10compar` que visualice el menor y el mayor número entre los argumentos pasados por la línea de comandos; el número de argumentos deberá ser superior a 1.
2. Verifique el script de shell `10compar` con los argumentos siguientes:
   ```
   1
   1 2
   1 2 3
   3 5 2 6 1 8 7
   ```
3. Verifique los entornos de desarrollo gráficos instalados en su sistema y reedite los scripts de shell anteriores.

Pista para el enunciado 8.9

1. *Reutilice los scripts* `06max` *y* `07min` *anteriormente escritos. Utilice un bucle* **`while`** *con el comando* **`shift`** *para tratar el conjunto de argumentos.*

Solución pág. 173

Capítulo 9

Gestión de la cuenta de usuario

Duración: 35 minutos

Palabras clave

cuenta de usuario, contraseña, entorno, copia de seguridad, archivado

Objetivo

Al finalizar este capítulo, será capaz de personalizar la definición de su cuenta de usuario (contraseña, nombre completo, shell por defecto), de modificar el comportamiento del shell Bash (variables de entorno, alias...) y de proteger sus archivos personales.
Estos ejercicios corresponden al capítulo 11 "Administración de la cuenta de usuario" del libro "Linux - Principios básicos de uso del sistema 8ª edición" de la colección Recursos Informáticos de Ediciones ENI.

Material necesario

Estos ejercicios pueden realizarse en cualquier distribución Linux donde el lector posea una cuenta de usuario válida; la cuenta de usuario **tux** se utilizará en la corrección de los enunciados.

Requisitos previos

Para validar los requisitos previos necesarios, antes de iniciar el trabajo practico, responda las siguientes preguntas:

1. ¿Qué información se encuentra en el archivo */etc/passwd* y cómo el usuario puede modificar la que le concierne?
2. ¿En qué directorio se agrupan los archivos de datos de usuario?
   a. */home*
   b. */etc*
   c. */usr*
   d. */var/spool*

Solución pág. 175

Enunciado 9.1 Modificación de los parámetros de la cuenta

Duración estimada: 10 minutos

1. Conéctese en la tercera consola virtual texto (tty3) como el usuario **tux**.
2. Visualice la descripción de su cuenta de usuario **tux**.
3. Modifique el nombre completo asociado a la cuenta **tux** con su nombre y apellido.
4. Visualice el contenido del archivo */etc/shells*. ¿Qué contiene?
5. Ejecute el comando **chsh** sin modificar el valor por defecto.
6. En su directorio personal, cree el archivo *.plan* que contenga la frase "Ausente por el momento, respondo a los ejercicios del capítulo 9".
7. Visualice de nuevo la descripción de su cuenta de usuario **tux**.

Pistas para el enunciado 9.1

2. *Utilice el comando* ***finger***.
3. *Utilice el comando* ***chfn***.
5. *La utilidad de este archivo se explica en la página del manual del comando* ***chsh***.
6. *Utilice el editor de texto* ***vi***.

Solución pág. 176

Enunciado 9.2 Modificación del entorno shell

Duración estimada: 15 minutos

1. Visualice el contenido del archivo */etc/profile*. ¿Cuál es su función?
2. Según el contenido de su directorio personal, visualice el contenido del archivo *~ .bash_profile*, *~/.bash_login* o *~/.profile*. ¿Cuál es la función de este archivo?
3. Añada el alias **alias lsr='ls /'** al final del archivo abierto anteriormente e inicie un nuevo shell con el comando **bash**. ¿El alias se ha tenido en cuenta?
4. Desconéctese y vuelva a conectarse a la tercera consola virtual texto (tty3) como usuario **tux**. ¿El alias **lsr** funciona?
5. Visualice el contenido del archivo *~/.bashrc*. ¿Cuál es su función?

6. Añada el alias **`alias lsu='ls /usr'`** al final del archivo abierto anteriormente e inicie un nuevo shell con el comando **`bash`**. ¿El alias se ha tenido en cuenta?
7. Visualice el contenido del archivo */etc/bashrc*. ¿Cuál es su función?

Solución pág. 178

Enunciado 9.3 Copia de seguridad de los datos de usuario

Duración estimada: 10 minutos

1. Vaya al directorio */home*.
2. Haga una copia de seguridad del contenido de su directorio personal en el archivo */tmp/tux.tgz*.
3. Verifique el contenido del archivo que acaba de crear.
4. Utilice una herramienta de archivado gráfico instalado en su sistema para verificar el contenido de su copia de seguridad.

Pistas para el enunciado 9.3

2. *Utilice el comando* **`tar`** *con las opciones adecuadas.*
3. *Utilice el comando* **`tar`** *con las opciones adecuadas.*

Solución pág. 181

Capítulo 10

Herramientas Linux

Duración: 1 hora 30

Palabras clave

búsqueda, filtrado, clasificación, visualización.

Objetivo

Al finalizar este capítulo, sabrá:

- buscar los archivos según ciertos criterios y aplicarles un tratamiento;
- filtrar el contenido de archivos y las salidas de comandos con expresiones regulares;
- clasificar y dividir los datos;
- visualizar parcialmente el contenido de archivos.

Estos ejercicios corresponden al capítulo 12 "Herramientas de Linux" del libro "Linux - Principios básicos de uso del sistema 8ª edición" de la colección Recursos Informáticos de Ediciones ENI.

Material necesario

Estos ejercicios pueden realizarse en cualquier distribución Linux donde el lector posea una cuenta de usuario válida; la cuenta de usuario **tux** se utilizará en la corrección de los enunciados.

Requisitos previos

Para validar los requisitos previos necesarios, antes de iniciar el trabajo practico, responda las siguientes preguntas:

1. ¿Qué comando permite buscar archivos siguiendo diferentes criterios?
   a. **ls**
   b. **find**
   c. **seek**
   d. **locate**
2. ¿Qué comandos permiten filtrar el contenido de archivos o de salidas de comandos con expresiones regulares?
   a. **head**
   b. **tail**

c. **grep**
d. **ls**
e. **sed**
f. **awk**

3. ¿Qué comandos sólo visualizan algunos campos de un archivo?
   a. **head**
   b. **cut**
   c. **awk**
   d. **join**

Solución pág. 185

Enunciado 10.1 find

Duración estimada: 20 minutos

1. Conéctese a la tercera consola virtual texto (tty3) como el usuario **tux**.
2. Vaya a su directorio personal y visualice la lista de todos los archivos presentes en su árbol.
3. Visualice la lista de todos los archivos presentes en los directorios */usr/bin* y */usr/lib*.
4. Liste los archivos de su subdirectorio *capítulo5* visualizando únicamente los nombres de los directorios, después proceda del mismo modo visualizando únicamente los nombres de los archivos ordinarios.
5. Vaya al subdirectorio *capítulo5* y visualice todos los nombres de archivos que comiencen por la cadena "fic" presentes en el árbol.
6. Busque en todo el árbol del sistema, todos los archivos con un tamaño superior a diez megabytes o con los permisos de acceso 4755.
   ¿Hay mensajes de error? En caso afirmativo, ¿por qué?
   Suprima los mensajes de error posibles con una redirección.
7. Visualice el formato de cada archivo donde el nombre comience por la letra "p" en el árbol del directorio */etc*.
   Suprima los mensajes de error posibles con una redirección.
8. Busque de nuevo en su subdirectorio *capítulo5*, todos los nombres de archivos que comiencen por la cadena "fic" presentes en el árbol y suprima los archivos donde el nombre contenga una cifra.

Pistas para el enunciado 10.1

2. *Indique la ruta de búsqueda relativa en el comando* **find**
3. *Indique varias rutas de búsqueda en el comando* **find**
4. *El directorio* `capítulo5` *se creó durante los ejercicios del capítulo Permisos de acceso a los archivos; su árbol debe parecerse a:*

```
[tux]$ find capítulo5
capítulo5
capítulo5/fic2
capítulo5/dir2
capítulo5/docperso
capítulo5/docperso/fica
capítulo5/docperso/ficc
capítulo5/docperso/ficd
capítulo5/docperso/ficb
capítulo5/fic1
capítulo5/dir1
capítulo5/dir1/secret
```

Utilice la expresión de selección ***-type*** *del comando* **find**

5. *Utilice la expresión de selección* ***-name*** *del comando* **find** *con caracteres genéricos; para ello, utilice los caracteres de escape para suprimir la interpretación del shell.*
6. *Utilice conjuntamente las expresiones de selección* ***-size*** *y* ***-perm*** *del comando* **find**
7. *Utilice la acción* ***-exec*** *del comando* **find** *con el comando* **file**.
8. *Utilice la acción* ***-ok*** *del comando* **find** *con el comando* **rm**.

Solución pág. 186

Enunciado 10.2 grep

Duración estimada: 25 minutos

1. Visualice el PID de los procesos **bash** actualmente iniciados en el sistema.
2. Visualice todas las líneas del archivo `/etc/services` que contengan la cadena de caracteres "http".
3. Filtre de nuevo el archivo `/etc/services` esta vez, con la cadena de caracteres "http" como palabra.

4. Visualice las líneas del archivo `/etc/passwd` que no contengan la cadena de caracteres "home".
5. ¿Cuántas líneas del archivo `/etc/passwd` contienen la cadena de caracteres "sbin"?
6. ¿Qué archivos del directorio `/etc` contienen la cadena de caracteres "tux"?
   Suprima los mensajes de error eventuales con una redirección.
7. ¿En qué números de líneas se encuentra la cadena de caracteres "tux" en los archivos anteriores?
   Suprima los mensajes de error eventuales con una redirección.
8. Visualice todas las líneas del archivo `/etc/services` que contengan la cadena de caracteres "iana", sin importar el tipo de caracteres (mayúsculas/minúsculas).

Pistas para el enunciado 10.2

1. *Filtre la salida del comando* **`ps`** *con el comando* **`grep`**.
2. *Utilice el comando* **`grep`** *con el archivo* `/etc/services` *como argumento.*
3. *Utilice la opción* **`-w`**.
4. *Utilice la opción* **`-v`**.
5. *Utilice la opción* **`-c`**.
6. *Utilice la opción* **`-l`**.
7. *Utilice la opción* **`-n`**.
8. *Utilice la opción* **`-i`**.

Solución pág. 189

Enunciado 10.3 cut

Duración estimada: 10 minutos

1. Visualice el primer y el tercer campo del archivo `/etc/group` (nombre del grupo y GID correspondiente).
2. Visualice una lista detallada de los archivos presentes en el directorio `/etc`, después conserve únicamente la información siguiente:
   - permisos del archivo;
   - tamaño del archivo;
   - nombre del archivo.

Pistas para el enunciado 10.3

1. *Utilice el comando* **`cut`** *con el carácter* **:** *como separador de campo.*
2. *Utilice el comando* **`cut`** *en una tubería especificando las columnas de la visualización a conservar.*

Solución pág. 192

Enunciado 10.4 sort

Duración estimada: 15 minutos

1. Clasifique el archivo `/etc/passwd` alfabéticamente por el nombre de conexión (login) de cada usuario.
2. Clasifique el archivo `/etc/passwd` alfabéticamente por el nombre completo (campo GECOS) de cada usuario.
3. Clasifique el archivo `/etc/passwd` numéricamente por el UID de cada usuario.
4. Visualice una lista detallada de archivos presentes en el directorio `/etc`, después clasifique los archivos de mayor a menor.

Pistas para el enunciado 10.4

2. *Clasifique el quinto campo del archivo con el carácter* **:** *como separador de campo.*
3. *Clasifique el tercer campo del archivo con el carácter* **:** *como separador de campo y utilice la opción* **`-n`**.
4. *Utilice el comando* **`sort`** *en una tubería especificando la columna y el tipo de clasificación.*

Solución pág. 193

Enunciado 10.5 head, tail

Duración estimada: 10 minutos

1. Visualice las cinco primeras líneas del archivo `/etc/passwd`.
2. Visualice las siete últimas líneas del archivo `/etc/protocols`.
3. Utilice el comando **`tail`** en una tubería para no visualizar la primera línea devuelta por el comando **`ls -l`**.
4. Visualice de la línea 188 a 191 del archivo `/etc/services`.

Pistas para el enunciado 10.5

4. *Utilice los comandos* **`head`** *y* **`tail`** *con una tubería.*

Solución pág. 195

Enunciado 10.6 Para ir más lejos

Duración estimada: 10 minutos

1. Utilice el comando **`find`** para encontrar el emplazamiento de su archivo de configuración personal del navegador web.
2. Utilice el comando **`grep`** para visualizar todos los vínculos simbólicos presentes en el directorio `/etc`.

Pistas para el enunciado 10.6

1. *Cree un archivo de referencia con el comando* **`touch`**, *después utilice la expresión de selección* **`-newer`** *del comando* **`find`** *después de haber modificado uno de los parámetros de su navegador web.*
2. *Filtre la salida del comando* **`ls -l`** *con el comando* **`grep`**, *y utilice una expresión regular correspondiente a todas las líneas que comiencen por el carácter "l".*

Solución pág. 196

Capítulo 1

Conexión y primeros comandos

Requisitos previos

1. La FSF (*Free Software Foundation*), creada por Richard Matthew Stallman, sostiene el proyecto GNU (*GNU is Not Unix*) para desarrollar un Unix Libre con la finalidad de oponerse a la comercialización de los programas informáticos y a la falta de disponibilidad del código fuente. Con este fin, se creó la licencia GPL (*General Public License*), también llamada "copyleft".

2. a. **Falso**. Linux soporta numerosas plataformas hardware con arquitectura de procesador Intel 386 y sucesivas.

   b. **Verdadero**. Linux es el núcleo (kernel), normalmente viene acompañado de herramientas básicas y un conjunto de software formando un sistema operativo completo.

   c. **Falso**. Aunque se utiliza principalmente en el mundo universitario, Linux está ampliamente implantado en entornos profesionales y particulares.

3. a. **Falso**. El carácter al comienzo de la línea de comandos representa el prompt de shell.

   b. **Falso**. El prompt del administrador se representa con el carácter "**#**".

   c. **Verdadero**. El prompt Shell de un usuario ordinario finaliza generalmente con el carácter "**$**"; por ejemplo: **`[tux]$`**.

4. a. **Válido**.

   b. **No válido**. Los argumentos deben estar separados por al menos un carácter de espacio (espacio o tabulación).

   c. **No válido**. Falta un carácter de espacio entre la **`o`** y el segundo **-**, o es necesario suprimir el **-** entre la **`o`** y la **`p`**.

   d. **Válido**. El orden de las opciones no influye.

   e. **No válido**. Todas las opciones deben estar colocadas antes de los argumentos.

   f. **Válido**.

5. a. **Falso**. El comando **wc** permite contar el número de líneas, palabras y caracteres de un archivo o desde la entrada estándar.
   b. **Verdadero**.
   c. **Falso**. **cls** no es un comando Unix estándar.
   d. **Verdadero**.

Solución 1.1 Consolas y terminales

1. Se deben pulsar las teclas [Ctrl]-[Alt]-[F1] a [Ctrl]-[Alt]-[F7] para cambiar de una consola virtual a otra (pulsar la tecla [Ctrl] no es obligatorio cuando se está en una consola en modo texto).

Solución 1.2 Conexión, autenticación

1. Pulse las teclas [Ctrl]-[Alt]-[F3], después:

```
Debian GNU/Linux 11 debian tty3

debian login: tux
Password: <la contraseña no aparece >
Linux debian 5.10.0-21-amd64 #1 SMP Debian 5.10.162-1 (2023-01-21) x86_64

The programs included with the Debian GNU/Linux system are free software;
the exact distribution terms for each program are described in the
individual files in /usr/share/doc/*/copyright.

Debian GNU/Linux comes with ABSOLUTELY NO WARRANTY, to the extent
permitted by applicable law.
$ tty
/dev/tty3
$
```

2. Pulse las teclas [Ctrl]-[Alt]-[F4], después:

```
Debian GNU/Linux   11 debian tty4

debian login: tux2
Password: <la contraseña no aparece >
Linux debian 5.10.0-21-amd64 #1 SMP Debian 5.10.162-1 (2023-01-21) x86_64

The programs included with the Debian GNU/Linux system are free software;
the exact distribution terms for each program are described in the
individual files in /usr/share/doc/*/copyright.

Debian GNU/Linux comes with ABSOLUTELY NO WARRANTY, to the extent
permitted by applicable law.
$ tty
/dev/tty4
$
```

3. Pulse las teclas [Ctrl]-[Alt]-[F5], después:

```
Debian GNU/Linux 11 debian tty5

debian login: root
Password: <la contraseña no aparece >
Linux debian 5.10.0-21-amd64 #1 SMP Debian 5.10.162-1 (2023-01-21) x86_64

The programs included with the Debian GNU/Linux system are free software;
the exact distribution terms for each program are described in the
individual files in /usr/share/doc/*/copyright.

Debian GNU/Linux comes with ABSOLUTELY NO WARRANTY, to the extent
permitted by applicable law.
root@debian:~# tty
/dev/tty5
root@debian:~#
```

El prompt del administrador de sistema **`root`** finaliza con el carácter "**#**".
El prompt de Shell se presenta de diferente modo para el administrador de sistema **`root`**.

4. Según su distribución Linux pulse las teclas [Ctrl]-[Alt]-[F1], [Ctrl]-[Alt]-[F2] o [Ctrl]-[Alt]-[F7] para obtener el terminal gráfico. Aparecerá una pantalla similar:

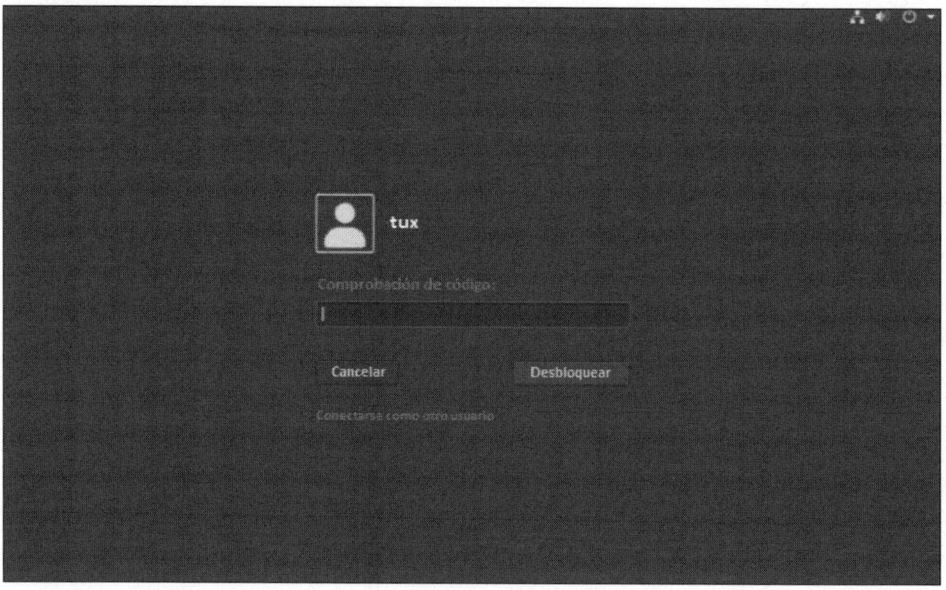

El gestor de sesión gráfica depende de la distribución Linux que utilice; permite introducir el login (nombre de conexión) y la contraseña del usuario.

5. Para una mayor claridad en la consecución de las correcciones, el prompt se reduce al login del usuario; por ejemplo para el usuario **tux**, el prompt se representa del siguiente modo:

```
[tux]$
```

Generalmente se dispone de un atajo, bien en el menú de aplicaciones, bien en la barra de tareas directamente para iniciar un emulador de terminal.

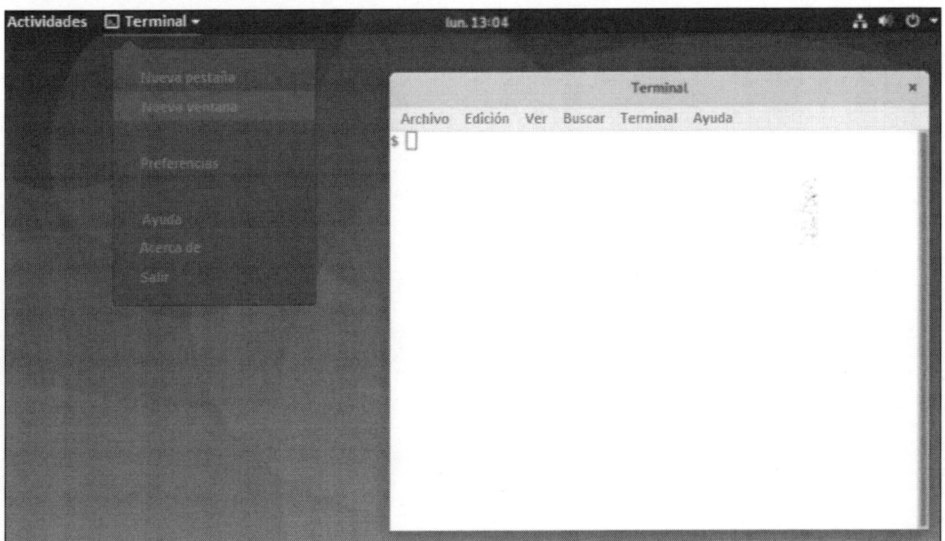

Solución 1.3 Identidad de los usuarios

1. Pulse las teclas [Ctrl]-[Alt]-[F3], después:

```
[tux]$ who
tux      tty3          2023-02-22 08:58
tux      tty4          2023-02-22 09:01
root     tty5          2023-02-22 09:01
tux      tty7          2023-02-22 09:11 (tty7)

[tux]$ finger
Login    Name        Tty     Idle    Login Time   Office Office Phone
root     root       *tty5       2    Feb 22 09:01
tux                 *tty3            Feb 22 08:58
tux                  tty7    2:20    Feb 22 09:11 (tty7)
tux2                *tty4      19    Feb 22 09:01
```

2.

```
[tux]$ who am i
tux       tty3        2023-02-22 08:58
```

3. Pulse las teclas [Ctrl]-[Alt]-[F4], después:

```
[tux2 ~]$ whoami
tux2
```

4.

```
[tux2]$ finger tux
Login: tux                                  Name:
Directory: /home/tux                        Shell: /bin/sh
On since Wed Feb 22 08:58 (CET) on tty3     2 minutes 45 seconds idle
     (messages off)
On since Wed Feb 22 09:11 (CET) on tty7 from tty7
    2 hours 24 minutes idle
No mail.
No Plan.
```

Solución 1.4 Cambio de contraseña

1. Pulse las teclas [Ctrl]-[Alt]-[F3], después:

```
[tux]$ passwd tux2
passwd: You may not view or modify password information for tux2.
```

No es posible cambiar la contraseña de **tux2** porque sólo el administrador de sistema puede modificar la contraseña de otro usuario.

2.

```
[tux]$ passwd
Cambio de contraseña pour tux.
Current password: <la contraseña no aparece>
Nueva contraseña : <la contraseña no aparece>
Repita la nueva contraseña : <la contraseña no aparece>
Debe elegir una contraseña más larga
Nueva contraseña : <la contraseña no aparece>
Repita la nueva contraseña : <la contraseña no aparece>
Debe elegir una contraseña más larga
Nueva contraseña : <la contraseña no aparece>
Repita la nueva contraseña : <la contraseña no aparece>
Debe elegir una contraseña más larga
passwd: Error en la manipulación del token de autenticación
passwd: password unchanged
```

En la mayoría de sistemas GNU/Linux, una contraseña debe contener al menos seis caracteres.

3.

```
[tux]$ passwd
Cambiando la contraseña del usuario tux.
Cambiando la contraseña de tux.
Nueva contraseña: <la contraseña no aparece>
CONTRASEÑA INCORRECTA: La contraseña no supera la verificación de
diccionario - Es demasiado simple/sistemática.
```

4.

```
[tux]$ passwd
Cambiando la contraseña del usuario tux.
Cambiando la contraseña de tux.
Contraseña acutal de UNIX:  <la contraseña no aparece>
Nueva contraseña:  <la contraseña no aparece>
Vuelva a escribir la nueva contraseña:  <la contraseña no aparece>
passwd: password updated successfully
```

5. Siguiendo la configuración del sistema GNU/Linux empleado para estos ejercicios, no es posible alternar entre diferentes contraseñas; en efecto, las contraseñas antiguas se añaden automáticamente al diccionario de palabras prohibidas.

Solución 1.5 Recuento

1.

```
[tux]$ wc /etc/services
11176  61033 670293 /etc/services
```

2.

```
[tux]$ wc -l /etc/passwd
45 /etc/passwd
```

Solución 1.6 Visualización

1.

```
[tux]$ clear
```

2.

```
[tux]$ echo a b
a b
```

3.

```
[tux]$ echo a  b
a b
```

Únicamente se visualiza un solo espacio entre las letras "a" y "b".

4.

```
[tux]$ echo a    b
a b
```

De nuevo, hay un solo espacio entre las letras "a" y "b".

Solución 1.7 Tiempo

1.

```
[tux]$ date
Lun 14 abr 2025 10:55:15 EDT
```

2.

```
[tux]$ cal
    Enero 2025
do lu ma mi ju vi sá
          1  2  3  4
 5  6  7  8  9 10 11
12 13 14 15 16 17 18
19 20 21 22 23 24 25
26 27 28 29 30 31
```

3.

```
[tux]$ cal 1 5
     Enero de 5
do lu ma mi ju vi sa
             1  2  3
 4  5  6  7  8  9 10
11 12 13 14 15 16 17
18 19 20 21 22 23 24
25 26 27 28 29 30 31
```

```
[tux]$ cal 1 2005
    Enero de 2005
do lu ma mi ju vi sa
                   1
 2  3  4  5  6  7  8
 9 10 11 12 13 14 15
16 17 18 19 20 21 22
23 24 25 26 27 28 29
30 31
```

Nota

El año 5 corresponde al año 5 después de Cristo. El calendario es por tanto diferente del año 2005.

4.

```
[tux]$ cal 9 1752
  Septiembre de 1752
do lu ma mi ju vi sa
       1  2 14 15 16
17 18 19 20 21 22 23
24 25 26 27 28 29 30
```

Nota

Generalmente se considera que el paso al calendario Gregoriano se produjo el 3 de septiembre de 1752. En esa época, la mayoría de los países habían reconocido este calendario (aunque algunos no lo reconocieron hasta comienzos del siglo XX). Los diez días siguientes a esa fecha fueron eliminados, por este motivo el calendario de ese mes es un poco peculiar.

Solución 1.8 Utilización del ratón y del teclado

1. El número de líneas del terminal no puede contener la totalidad de la información devuelta por el comando.

```
           1  2  3  4  5               1  2  3   1  2  3  4  5  6  7
  6  7  8  9 10 11 12    4  5  6  7  8  9 10   8  9 10 11 12 13 14
 13 14 15 16 17 18 19   11 12 13 14 15 16 17  15 16 17 18 19 20 21
 20 21 22 23 24 25 26   18 19 20 21 22 23 24  22 23 24 25 26 27 28
 27 28 29 30            25 26 27 28 29 30 31  29 30

        julio                 agosto              septiembre
 lu ma mi ju vi sá do   lu ma mi ju vi sá do  lu ma mi ju vi sá do
        1  2  3  4  5                  1  2      1  2  3  4  5  6
  6  7  8  9 10 11 12    3  4  5  6  7  8  9   7  8  9 10 11 12 13
 13 14 15 16 17 18 19   10 11 12 13 14 15 16  14 15 16 17 18 19 20
 20 21 22 23 24 25 26   17 18 19 20 21 22 23  21 22 23 24 25 26 27
 27 28 29 30 31         24 25 26 27 28 29 30  28 29 30
                        31
       octubre              noviembre             diciembre
 lu ma mi ju vi sá do   lu ma mi ju vi sá do  lu ma mi ju vi sá do
           1  2  3  4                     1      1  2  3  4  5  6
  5  6  7  8  9 10 11    2  3  4  5  6  7  8   7  8  9 10 11 12 13
 12 13 14 15 16 17 18    9 10 11 12 13 14 15  14 15 16 17 18 19 20
 19 20 21 22 23 24 25   16 17 18 19 20 21 22  21 22 23 24 25 26 27
 26 27 28 29 30 31      23 24 25 26 27 28 29  28 29 30 31
                        30

[tux]$
```

2. Las secuencias de teclas [May]-[Re Pág] y [May]-[Av Pág] permiten ascender o descender por la visualización.
3. La secuencia de teclas [Ctrl]-L borra la pantalla como el comando **clear**.
4. Las teclas [Subir] y [Bajar] permiten subir o bajar en el histórico de los comandos. Todo comando ejecutado por el shell es automáticamente se añade al histórico de comandos.
5. Pulsar [Ctrl]-R para iniciar la búsqueda, introducir la cadena de búsqueda "ho" y pasar de ocurrencia en ocurrencia con la secuencia de teclas [Ctrl]-R.
6. Teclee **sleep 999** luego pulse la secuencia de teclas [Ctrl]-C; esta finaliza el comando en curso.
7. La finalización de palabras se efectúa con la tecla [Tab] del teclado.

8. Toda selección de textos efectuada con la ayuda del botón izquierdo del ratón se copia automáticamente en una memoria intermedia (buffer). Para pegar la cadena de caracteres copiada en memoria, sobre el cursor, bastará con hacer clic en el botón del medio del ratón; cuando este no exista, el botón del medio se simula haciendo clic simultáneamente en el botón izquierdo y el botón derecho del ratón (en una consola en modo texto, la emulación se hace simplemente con el botón derecho del ratón).

Solución 1.9 Desconexión

1. Según la interfaz gráfica de la distribución utilizada, una entrada del menú de aplicaciones o un icono de las barras de herramientas del escritorio permite desconectarse.

2. Utilice los comandos **`exit`** o **`logout`** o la secuencia de teclas [Ctrl]-D.

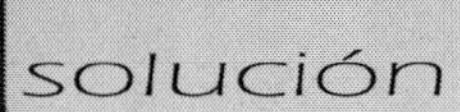

Capítulo 2
Documentación

Requisitos previos

1. a. **Falso**. Aunque es posible buscar un término como "print" en el manual electrónico con el comando **man -k** o el comando **apropos**, esta documentación no contiene la información acerca del funcionamiento general del sistema GNU/Linux.

   b. **Falso**. Como para las páginas del manual, la información contenida en la documentación Info no detallan los aspectos generales del sistema GNU/Linux.

   c. **Verdadero**. Diversos documentos HOWTO explican cada uno de los aspectos del sistema GNU/Linux (Net-HOWTO, Printing-HOWTO, Partition-HOWTO...).

   d. **Falso**. Los subdirectorios de */usr/share/doc* contienen la documentación de las aplicaciones instaladas en el sistema.

   e. **Verdadero**. Una búsqueda en Internet permite encontrar un gran número de sitios web que tratan de los diferentes aspectos del sistema GNU/Linux. Del mismo modo, las FAQ (*Frequently Asked Questions*) de los grupos de discusión de Linux pueden informar al usuario sobre el funcionamiento del sistema.

2. a. **Verdadero**. El manual electrónico (comando **man**) detalla los comandos presentes en el sistema.

   b. **Verdadero**. Del mismo modo que el manual electrónico, la documentación Info (comando **info**) define el funcionamiento, la sintaxis y las opciones de los comandos instalados en el sistema.

   c. **Falso**. Esta documentación trata el funcionamiento general del sistema GNU/Linux.

   d. **Verdadero**. La documentación complementaria al manual electrónico está presente en un subdirectorio de */usr/share/doc*.

   e. **Verdadero** y **falso**. El detalle de cada comando GNU/linux puede estar disponible en Internet pero por lo general no es más que una presentación HTML de la página del manual. Además, si bien es posible solicitar ayuda en los grupos de discusión Linux, en cuanto al funcionamiento de un comando, muchas respuestas remiten al usuario al manual electrónico.

3. **Falso**. La propia documentación Linux se proporciona generalmente en diferentes formatos, entre otros: texto, HTML, Postscript, PDF...

4. Las secciones del manual correspondientes a los comandos de usuario, a los comandos de administración y a los formatos de los archivos de configuración son respectivamente las secciones 1, 8 y 5.

5. a. Sitio oficial del núcleo Linux; en él se encuentran especialmente las fuentes actualizadas del núcleo y en desarrollo, junto con toda la documentación asociada.
   b. Sitio oficial del proyecto GNU.
   c. Sitio oficial que agrupa toda la documentación de Linux actualizada (*The Linux Documentation Project*): HOWTOs, guías, FAQs, páginas del manual...
   d. Grupo de discusión (newsgroup) que trata del sistema GNU/Linux en español.

Solución 2.1 Manual electrónico

1. Pulse las teclas [Ctrl]-[Alt]-[F3], después:

```
localhost login: tux
Password: <la contraseña no aparece>
[tux]$
```

2.

```
[tux]$ man man
```

3. La página visualizada proviene de la sección 1 (comandos de usuario) del manual electrónico.

4.

```
SINOPSIS
       man  [-C  file] [-d] [-D] [--warnings[=warnings]] [-R encoding] [-L locale]
       [-m system[,...]] [-M path] [-S list] [-e extension]  [-i|-I]
       [--regex|--wildcard] [--names-only]  [-a]  [-u] [--no-subpages] [-P pager]
       [-r prompt] [-7] [-E encoding] [--no-hyphenation] [--no-justification]
       [-p string] [-t] [-T[device]] [-H[browser]] [-X[dpi]] [-Z]
       [[section] page ...] ...
       man -k [apropos options] regexp ...
       man -K [-w|-W] [-S list] [-i|-I] [--regex] [section] term ...
       man -f [whatis options] page ...
       man -l [-C file] [-d] [-D] [--warnings[=warnings]] [-R encoding] [-L locale]
       [-P  pager]  [-r prompt]  [-7]  [-E encoding] [-p string] [-t] [-T[device]]
       [-H[browser]] [-X[dpi]] [-Z] file
       ...
       man -w|-W [-C file] [-d] [-D] page ...
       man -c [-C file] [-d] [-D] page ...
       man [-?V]
```

5. Según la versión del comando, el archivo de configuración del comando **man** esta ubicado en */etc/man.config* o */etc/man-db.conf* o /etc/manpath.config y *~/.manpath*.

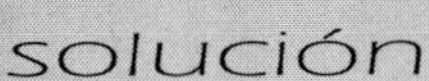

6. La tecla **Q** permite salir del manual electrónico.

7.

```
[tux]$ man 5 man.config
```

o

```
[tux]$ man 5 manpath
```

8. La página visualizada proviene de la sección 5 (archivos de configuración) del manual electrónico.

9. Las otras páginas del manual relativas a la página mostrada se indican en el párrafo VÉASE TAMBIÉN de la página consultada:

```
VÉASE TAMBIÉN
    col(1), (g)eqn(1), (g)pic(1), groff(1), grotty(1), (g)refer(1),
      (g)tbl(1), less(1), man (1) et compress(1), gzip(1)
```

o en el párrafo SEE ALSO si la página se muestra en inglés:

```
SEE ALSO
       apropos(1), groff(1), less(1), manpath(1), nroff(1), troff(1), whatis(1),
       zsoelim(1), setlocale(3), manpath(5), ascii(7), lat-in1(7), man(7),
       catman(8), mandb(8), the man-db package manual, FSSTND.
```

10. Utilice la tecla **Q** y después:

```
[tux]$ man 7 signal
```

11.

```
NOMBRE
        signal - Resumen de señales.
```

12. Use la tecla **Q** y después:

```
[tux]$ man date
```

Use la tecla **Q** de nuevo y después:

```
[tux]$ date +"%A %d/%m/%Y"
lunes 13/04/2025
```

Solución 2.2 Documentación Info

1.

```
[tux]$ info
```

2. La tecla **H** visualiza la ayuda del comando.
3. La tecla **Q** permite salir del comando **info**.

Solución 2.3 Documentación HOWTO

1. El sitio "The Linux Documentation Project" (https://www.tldp.org) es uno de los muchos sitios que agrupan los documentos HOWTO de Linux.

Solución 2.4 /usr/share/doc

1. Los documentos presentes en esos directorios están en diferentes formatos de archivo (texto, HTML, PostScript...) y completan la documentación vista anteriormente con los archivos de ejemplo, las notas explicativas suplementarias y los manuales de referencia.

Solución 2.5 Internet

1. El sitio "The Linux Kernel Archives !" (https://www.kernel.org) es el sitio oficial del código fuente del núcleo de Linux.
2. Los sitios de las principales distribuciones Linux son:
   - https://www.redhat.com para RedHat
   - https://www.mageia.org pour Mageia
   - https://www.debian.org para Debian
   - https://www.suse.com para SuSE
   - https://www.centos.org para CentOS
   - https://getfedora.org para Fedora
   - https://ubuntu.com para Ubuntu
   - https://linuxmint.com para Linux Mint
3. El sitio www.kernel.org permite mantenerse informado de las últimas novedades entorno al núcleo de Linux. La dirección www.gnu.org reenvía al sitio oficial del proyecto GNU y www.tldp.org centralizado en especial los accesos a la documentación HOWTO en diferentes formatos e idiomas.

Solución 2.6 Para ir más lejos

1.

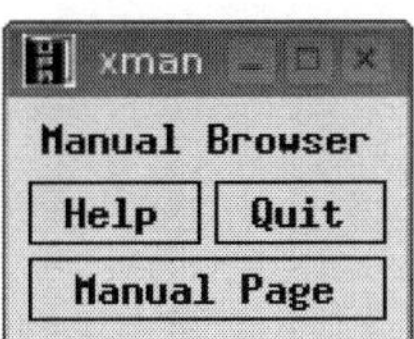

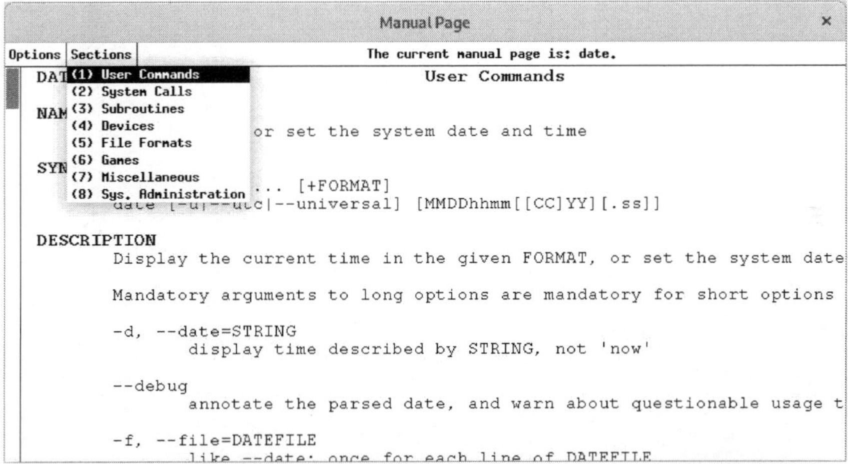

2.

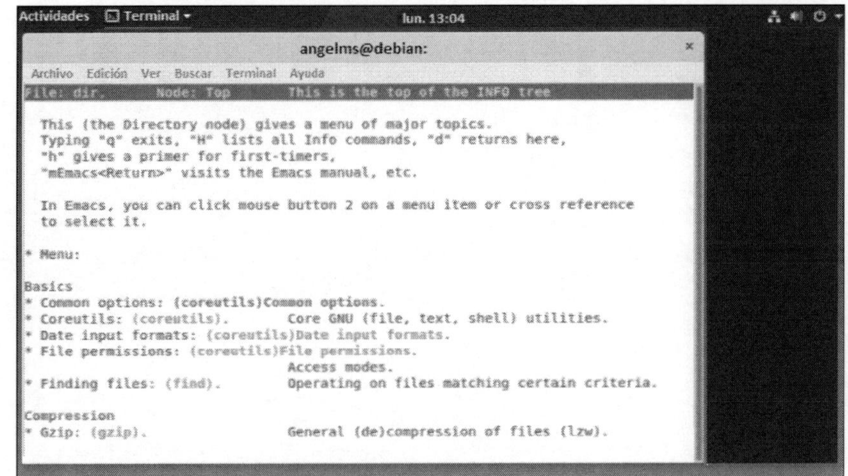

3. Por ejemplo, con la herramienta **`Thunderbird`**:

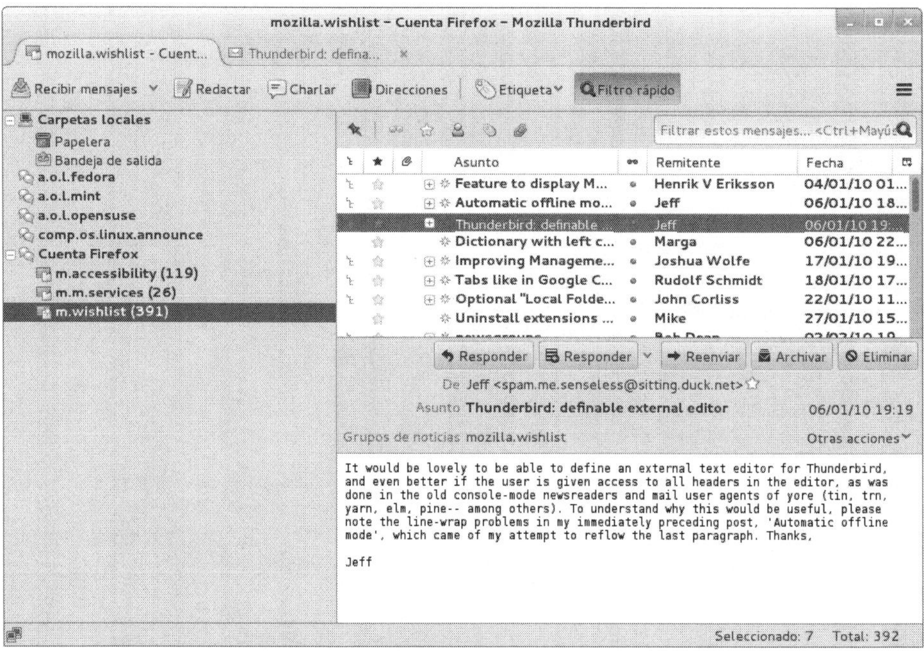

Capítulo 3

Archivos

Requisitos previos

1. Cuando el punto está en primera posición en un nombre de archivo, indica que ese archivo está oculto. La única particularidad de un archivo oculto es no ser visualizado por defecto en la lista del directorio.

2. Los siete tipos de archivos en Linux son:
- archivo estándar u ordinario,
- archivo de directorio,
- vínculo simbólico o lógico ("soft link"),
- archivo apuntado hacia un dispositivo de tipo "bloque",
- archivo apuntado hacia un dispositivo de tipo "carácter",
- archivo intermedio o tubería nombrada ("named pipe"),
- archivo "socket".

3. Hay tres maneras de indicar la ruta de un archivo:
- **Absoluta**: esta ruta hace referencia a la raíz del sistema de archivos y comienza siempre por /.
- **Relativa**: esta ruta del directorio actual en el cual se encuentra el usuario; no comienza ni por /, ni por ~.
- **Personal**: esta ruta comienza por ~ y se referencia al directorio personal ($HOME) de un usuario.

a. **Absoluta**.

b. **Personal**. Esta ruta indica el archivo *.bashrc* presente en el directorio personal del usuario **nicolas**.

c. **Absoluta**.

d. **Relativo**. Esta ruta indica el archivo *services* presente en el directorio actual.

e. **Personal**. Esta ruta indica el archivo *Desktop* presente en el directorio personal del usuario.

f. **Relativa**. Esta ruta indica el archivo *home* presente en el directorio padre.

g. **Relativa**. Esta ruta indica el archivo *fic* presente en el directorio actual, al igual que la ruta ./fic.

4. a. **Falso**. El comando **pwd** ("print working directory") visualiza la ruta absoluta del directorio actual.
   b. **Verdadero**.
   c. **Falso**. El comando **mv** ("move") permite desplazar y renombrar los archivos o los directorios.
   d. **Falso**. El comando **mkdir** ("make directory") permite crear directorios.
5. a. **Falso**. Los bloques de datos de un archivo contienen los datos de usuario.
   b. **Falso**. El inodo de un archivo contiene la información relativa al archivo salvo su nombre.
   c. **Verdadero**. En el caso de un directorio, los datos registrados en los bloques de datos pueden estar representados como una tabla haciendo corresponder los nombres de los archivos contenidos en este directorio con sus números de inodo.
   d. **Falso**. Como para el inodo de un archivo ordinario, el inodo de un directorio contiene la información relativa al directorio salvo su nombre.
6. a. **Verdadero**. El comando **cat** visualiza en la pantalla el contenido de los archivos pasados como argumentos en la línea de comandos.
   b. **Verdadero**. El comando **more** visualiza página por página el contenido de los archivos de texto en la pantalla.
   c. **Falso**. El comando **od** ("octal dump") visualiza el contenido de un archivo binario, en octal o en otros formatos.
   d. **Falso**. El comando **strings** visualiza las cadenas de caracteres legibles contenidas en los archivos binarios.
   e. **Verdadero**. Como el comando **more**, el comando **less** visualiza página por página el contenido de los archivos texto, ofreciendo las funciones de búsqueda y de desplazamiento del editor de texto Vi.

Solución 3.1 Exploración del árbol de Linux

1. Pulse las teclas [Ctrl]-[Alt]-[F3], después:

```
localhost login: tux
Password: <la contraseña no aparece>
[tux]$
```

2.

```
[tux]$ pwd
/home/tux
```

Al conectar, el usuario se encuentra en su directorio personal.

3.

```
[tux]$ cd /usr/share/doc
[tux]$ pwd
/usr/share/doc
```

4.

```
[tux]$ cd ..
[tux]$ pwd
/usr/share
```

5.

```
[tux]$ cd
[tux]$ pwd
/home/tux
```

6.

```
[tux]$ cd -
/usr/share
```

7.

```
[tux]$ cd
[tux]$ ls
Escritorio  Documentos  Imágenes  Plantillas  Música  Público  Descargas Vídeos
```

8.

```
[tux]$ ls -a
.               .bashrc       .esd_auth       .mozilla     Vídeo
..              Escritorio    .ICEauthority   Música       .viminfo
.bash_history   .cache        Imágenes        .pki
.bash_logout    .config       .local          Public
.bash_profile   Documentos    Plantillas      Descargas
```

Los archivos ocultos tienen un nombre que comienza por el carácter . (punto).

9.

```
total 224
dr-xr-xr-x.   2 root root 40960   8 jul. 06:13 bin
drwxr-xr-x.   2 root root     6  12 ago. 2018 games
drwxr-xr-x.   3 root root    24   8 jul. 07:42 include
dr-xr-xr-x.  37 root root  4096   8 jul. 07:44 lib
dr-xr-xr-x. 119 root root 65536   8 jul. 06:13 lib64
drwxr-xr-x.  49 root root 12288   8 jul. 06:13 libexec
drwxr-xr-x.  12 root root   131   8 jul. 07:40 local
dr-xr-xr-x.   2 root root 20480   8 jul. 06:13 sbin
drwxr-xr-x. 212 root root  8192   8 jul. 07:45 share
drwxr-xr-x.   4 root root    34   8 jul. 07:40 src
lrwxrwxrwx.   1 root root    10  12 ago.  2018 tmp
```

10.

```
tux]$ ls -R /var
/var:
account   crash    ftp     kerberos  lock  nis        run    yp
adm       db       games   lib       log   opt        spool
cache     empty    gopher  local     mail  preserve   tmp

/var/account:
pacct

/var/adm:

/var/cache:
app-info   dnf  ibus        ldconfig  libX11  PackageKit   realmd
cups       gdm  krb5rcache  libvirt   man     private
```

11.

```
[tux]$ ls -ltr /var/log
total 1796
drwxr-xr-x. 2 chrony chrony      6 13 ago.   2018 chrony
drwx------. 2 root   root        6 10 dic.   2018 speech-dispatcher
drwx--x--x. 2 root   gdm         6 11 febr. 18:35 gdm
drwxr-xr-x. 2 root   root        6  8 mar   09:18 glusterfs
drwxr-x---. 2 sssd   sssd       93 18 abril 05:48 sssd
-rw-r--r--. 1 root   root     1040  2 mayo  07:16 README
drwxr-xr-x. 2 root   root        6 10 mayo  13:33 qemu-ga
drwx------. 3 root   root       18 18 jun.  13:48 libvirt
-rw-r-----. 1 root   root    12183  8 jul.  06:13 firewalld
...
drwxr-xr-x. 2 root   root       43  8 jul. 07:51 rhsm
drwxr-xr-x. 2 root   root       23  8 jul. 07:51 tuned
-rw-r--r--. 1 root   root    20318  8 jul. 07:58 Xorg.9.log
-rw-r--r--. 1 root   root    47604  8 jul. 08:43 dnf.rpm.log
-rw-r--r--. 1 root   root   301287  8 jul. 08:43 dnf.librepo.log
-rw-r--r--. 1 root   root   197944  8 jul. 08:43 dnf.log
-rw-------. 1 root   root     4406  8 jul. 09:01 cron
-rw-rw-r--. 1 root   utmp   292876  8 jul. 09:26 lastlog
-rw-rw-r--. 1 root   utmp     8064  8 jul. 09:26 wtmp
-rw-------. 1 root   root    12741  8 jul. 09:26 secure
-rw-------. 1 root   root   987952  8 jul. 09:28 messages
```

12.

```
[tux]$ ls -ld /home
drwxr-xr-x. 5 root root 44  8 jul. 06:31 /home
```

13.

```
[tux]$ file /etc/passwd /usr/bin/passwd /bin/ls /usr
/etc/passwd:     ASCII text
/usr/bin/passwd: setuid ELF 64-bit LSB pie executable, x86-64, version 1
(SYSV), dynamically linked, interpreter /lib64/ld-linux-x86-64.so.2,
BuildID[sha1]=866f774c67f10d9451e0d07aad37983fd4327159, for GNU/Linux 3.2.0,
stripped
/bin/ls:         ELF 64-bit LSB pie executable, x86-64, version 1 (SYSV),
dynamically linked, interpreter /lib64/ld-linux-x86-64.so.2,
Buil-dID[sha1]=6461a544c35b9dc1d172d1a1c09043e487326966,
for GNU/Linux 3.2.0, stripped
/usr:            directory
```

14.

```
[tux]$ stat /etc/passwd /usr/bin/passwd /bin/ls /usr
  Archivo: /etc/passwd
  Tamaño: 1958      Bloques: 8          Bloque E/S: 4096   archivo regular
Device: 8,1Inode: 5900031     Links: 1
Acceso: (0644/-rw-r--r--)  Uid: (    0/    root)   Gid: (    0/    root)
      Acceso: 2025-04-14 15:44:25.336076247 -0400
Modificación: 2025-02-04 00:30:42.389345939 -0500
      Cambio: 2025-02-04 00:30:42.393345939 -0500
    Creación: 2025-02-04 00:30:42.389345939 -0500
  Archivo: /usr/bin/passwd
  Tamaño: 68248     Bloques: 136        Bloque E/S: 4096   archivo regular
Device: 8,1Inode: 2359420     Links: 1
Acceso: (4755/-rwsr-xr-x)  Uid: (    0/    root)   Gid: (    0/    root)
      Acceso: 2025-04-13 15:54:19.135649355 -0400
Modificación: 2023-03-23 08:40:50.000000000 -0400
      Cambio: 2025-02-04 00:06:19.781308752 -0500
    Creación: 2025-02-04 00:06:19.417308743 -0500
  Archivo: /bin/ls
  Tamaño: 151344    Bloques: 296        Bloque E/S: 4096   archivo regular
Device: 8,1Inode: 2360855     Links: 1
Acceso: (0755/-rwxr-xr-x)  Uid: (    0/    root)   Gid: (    0/    root)
      Acceso: 2025-04-13 13:30:44.419999963 -0400
Modificación: 2022-09-20 11:27:27.000000000 -0400
      Cambio: 2025-02-04 00:06:13.161308584 -0500
    Creación: 2025-02-04 00:06:12.493308567 -0500
  Archivo: /usr
  Tamaño: 4096      Bloques: 8          Bloque E/S: 4096   directorio
Device: 8,1Inode: 2359297     Links: 12
Acceso: (0755/drwxr-xr-x)  Uid: (    0/    root)   Gid: (    0/    root)
      Acceso: 2025-04-13 13:30:47.288141405 -0400
: 2025-02-04 00:05:57.733308192 -0500
      Cambio: 2025-02-04 00:05:57.733308192 -0500
    Creación: 2025-02-04 00:05:49.793307990 -0500
Creado: -
```

Solución 3.2 Consulta de archivos

1.

```
[tux]$ cat /etc/issue
Debian GNU/Linux 11 \n \l
```

Este archivo contiene el texto visualizado antes de la conexión en los terminales virtuales texto.
Podemos también utilizar el comando **more** o **less**.

2.

```
[tux]$ more /etc/services
```

O:

```
[tux]$ less /etc/services
```

Este archivo contiene el nombre, los números de puerto y el protocolo de los servicios de red.

3.

```
[tux]$ file /bin/false
/bin/false: ELF 64-bit LSB shared object, x86-64, version 1 (SYSV),
dynamically linked, interpreter /lib64/ld-linux-x86-64.so.2,
Buil-dID[sha1]=118ffb72a3f8a7879bc09c16f6724f8a286742f7,
for GNU/Linux 3.2.0, stripped
[tux]$ od /bin/false
0000000 042577 043114 000401 000001 000000 000000 000000 000000
0000020 000002 000003 000001 000000 105460 004004 000064 000000
0000040 034150 000000 000000 000000 000064 000040 000010 000050
0000060 000037 000036 000006 000000 000064 000000 100064 004004
0000100 100064 004004 000400 000000 000400 000000 000005 000000
0000120 000004 000000 000003 000000 000464 000000 100464 004004
0000140 100464 004004 000023 000000 000023 000000 000004 000000
0000160 000001 000000 000001 000000 000000 000000 100000 004004
0000200 100000 004004 027615 000000 027615 000000 000005 000000
0000220 010000 000000 000001 000000 030000 000000 130000 004004
...
```

4.

```
[tux]$ man od
```

Después:

```
[tux]$ od -tx /bin/false
0000000 464c457f 00010101 00000000 00000000
0000020 00030002 00000001 08048b30 00000034
0000040 00003868 00000000 00200034 00280008
0000060 001e001f 00000006 00000034 08048034
0000100 08048034 00000100 00000100 00000005
0000120 00000004 00000003 00000134 08048134
0000140 08048134 00000013 00000013 00000004
0000160 00000001 00000001 00000000 08048000
0000200 08048000 00002f8d 00002f8d 00000005
0000220 00001000 00000001 00003000 0804b000
...
```

5.

```
[tux]$ strings /bin/false
/lib64/ld-linux-x86-64.so.2
fflush
...
Usage: %s [ignored command line arguments]
 or:  %s OPTION
Exit with a status code indicating failure.
     --help     display this help and exit
     --version  output version information and exit
NOTE: your shell may have its own version of %s, which usually supersedes
the version described here.  Please refer to your shell's documentation
for details about the options it supports.
```

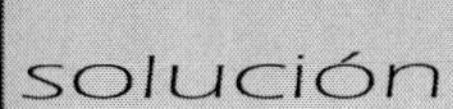

Solución 3.3 Sistema de archivos extraíble

1.

```
[tux]# dmesg
...
[12062.511390] usb 4-1: new SuperSpeed Gen 1 USB device number 4 using xhci_hcd
[12062.537085] usb 4-1: New USB device found, idVendor=0951, idProduct=1666,
bcdDevice= 0.01
[12062.537087] usb 4-1: New USB device strings: Mfr=1, Product=2, SerialNumber=3
[12062.537088] usb 4-1: Product: DataTraveler 3.0
[12062.537089] usb 4-1: Manufacturer: Kingston
[12062.537090] usb 4-1: SerialNumber: 60A44C413841F2A1A9955400 [12062.543690]
usb-storage 4-1:1.0: USB Mass Storage device detected
[12062.544220] scsi host33: usb-storage 4-1:1.0
[12063.582631] scsi 33:0:0:0: Direct-Access     Kingston DataTraveler 3.0    PQ: 0
ANSI: 6
[12063.583738] sd 33:0:0:0: Attached scsi generic sg2 type 0
[12063.585703] sd 33:0:0:0: [sdb] 60437492 512-byte logical blocks: (30.9 GB/28.8 GiB)
[12063.587178] sd 33:0:0:0: [sdb] Write Protect is off
[12063.587180] sd 33:0:0:0: [sdb] Mode Sense: 4f 00 00 00
[12063.588046] sd 33:0:0:0: [sdb] Write cache: disabled, read cache: enabled, doesn't
support DPO or FUA
[12063.600002]  sdb: sdb1
[12063.604688] sd 33:0:0:0: [sdb] Attached SCSI removable disk
```

La penúltima línea de este ejemplo indica que la memoria USB se ha reconocido con el nombre */dev/sdb* y que incluye une partición llamada */dev/sdb1*.
Podemos encontrar esta información con ayuda del comando **lsblk**:

```
[tux]$ lsblk
NAME          MAJ:MIN RM   SIZE RO TYPE MOUNTPOINT
sda             8:0    0    30G  0 disk
??sda1          8:1    0     1G  0 part /boot
??sda2          8:2    0    29G  0 part
 ??rhel-root
 ?            253:0    0    26G  0 lvm  /
 ??rhel-swap
              253:1    0     3G  0 lvm  [SWAP]
sdb             8:16   1 28,8G  0 disk
??sdb1          8:17   1 28,8G  0 part
```

Como **root**, la creación del directorio y el montado de la memoria USB en este último, se hace como sigue:

```
[root]# mkdir /mnt/usb
mkdir: imposible crear el directorio « /mnt/usb »: El archivo ya existe
[root]# mount /dev/sdb1 /mnt/usb
```

2.

```
[root]# cp /etc/group /mnt/usb/
[root]# ls /mnt/usb/
group  'System Volume Information'
```

3.

```
[root]# ls -l /etc/group /mnt/usb/group
-rw-r--r--. 1 root root 977 8 jul. 06:31 /etc/group
-rwxr-xr-x. 1 root root 977 8 jul. 10:31 /mnt/usb/group
```

El sistema de archivos FAT32 presente en la memoria USB no permite guardar los permisos Unix, que tienen un valor por defecto, probablemente diferente a los permisos originales del archivo.

4.

```
[root]# umount /dev/sdb1
```

o:

```
[root]# umount /mnt/usb
```

5.

```
[root]# exit
```

Solución 3.4 Directorios

1.

```
[tux]$ cd
[tux]$ pwd
/home/tux
```

2.

```
[tux]$ mkdir capítulo3
```

O:

```
[tux]$ mkdir /home/tux/capítulo3
```

O:

```
[tux]$ mkdir ~/capítulo3
```

3.

```
[tux]$ cd capítulo3
[tux]$ pwd
/home/tux/capítulo3
```

4. La opción **`-p`** del comando **`mkdir`** permite crear toda una rama de directorios en el árbol.

```
[tux]$ mkdir -p dir1/dir2/dir3/dir4
```

5.

```
[tux]$ ls -R
.:
dir1

./dir1:
dir2

./dir1/dir2:
dir3

./dir1/dir2/dir3:
dir4

./dir1/dir2/dir3/dir4:
```

6.

```
[tux]$ rmdir dir1
rmdir: imposible eliminar`dir1': El directorio no está vacío.
```

No es posible suprimir un directorio que no esté vacio con el comando **`rmdir`**.

7.

```
[tux]$ rmdir -p dir1/dir2/dir3/dir4
[tux]$ ls -R
.:
```

8.

```
[tux]$ mkdir -p color/frío forma/ángulo
[tux]$ mkdir forma/curva
[tux]$ ls -R
.:
color  forma

./color:
frio

./color/frio:

./forma:
ángulo  curva
./forma/ángulo:

./forma/curva:
```

Solución 3.5 Archivos

1.

```
[tux]$ pwd
/home/tux/capítulo3
[tux]$ cp /etc/services .
```

2.

```
[tux]$ ls -l
total 680
drwxrwxr-x  3 tux tux  20   jul  8 21:27 color
drwxrwxr-x  4 tux tux  33   jul  8 21:27 forma
-rw-r--r--  1 tux tux 69221 jul  8 21:32 services
[tux]$ date
lun 14 abr 2025 10:45:11 EDT
```

La copia de un archivo pertenece al usuario que ha efectuado la operación; la fecha de la última modificación es la fecha en que se hizo la copia.

3.

```
[tux]$ touch redondo triángulo cuadrado rectángulo verde azul
[tux]$ ls
azul cuadrado color forma rectángulo redondo services triángulo verde
```

4.

```
[tux]$ mv redondo forma/curva
[tux]$ mv triángulo cuadrado rectángulo forma/ángulo
```

5.

```
[tux]$ mv azul verde color/frio
```

6.

```
[tux]$ cd color
[tux]$ ls -R
.:
frio

./frio:
azul  verde
```

7.

```
[tux]$ cp frio caliente
cp: -r no especificado; omisión del directorio `frio'
[tux]$ cp -R frio caliente
[tux]$ ls -R
.:
caliente  frio
./caliente:
azul  verde

./frio:
azul  verde
```

La copia de un directorio no puede realizarse si el comando **cp** funciona recursivamente (recorriendo el árbol a copiar); será necesario entonces especificar la opción **-R** (o **-r**) en el comando **cp**.

8.

```
[tux]$ cd caliente
[tux]$ pwd
/home/tux/capítulo3/color/caliente
[tux]$ mv azul rojo
[tux]$ mv verde amarillo
[tux]$ ls
amarillo  rojo
```

9.

```
[tux]$ ln rojo rosa
[tux]$ ls
amarillo  rosa  rojo
```

10.

```
[tux]$ ln -s rojo naranja
[tux]$ ls
amarillo  naranja  rosa  rojo
```

11.

```
[tux]$ ls -li
total 0
681765 -rw-rw-r--. 1 tux tux 0  8 jul. 10:47 amarillo
731469 lrwxrwxrwx. 1 tux tux 5  8 jul. 10:49 naranja -> rojo
681766 -rw-rw-r--. 2 tux tux 0  8 jul. 10:47 rosa
681766 -rw-rw-r--. 2 tux tux 0  8 jul. 10:47 rojo
```

Los archivos `rojo` y `rosa` son totalmente idénticos: tipo (-), inodo (681766), tamaño (0 megabytes) y fecha (8 julio a las 10h47). Por otro lado, el archivo `naranja` que es un vínculo simbólico (tipo **l**), tiene un tamaño (5 megabytes), una fecha (8 julio a las 10h49) y un número de inodo (731469) diferentes del archivo `rojo`.

12.

```
[tux]$ ln -s /home/tux/capítulo3/color/caliente/rojo naranjaAbsoluta
[tux]$ ls
amarillo  naranja  naranjaAbsoluta  rosa  rojo
```

13.

```
[tux]$ pwd
/home/tux/capítulo3/color/caliente
[tux]$ cd ../..
[tux]$ pwd
/home/tux/capítulo3
[tux]$ mv color pintura
[tux]$ ls
forma  pintura  services
```

A diferencia del comando **cp**, el comando **mv** no necesita recorrer el árbol para efectuar su tarea; no existe por tanto opción para hacer el comando **mv** recursivo como para el comando **cp**.

14.

```
[tux]$ cat pintura/caliente/naranja
[tux]$ cat pintura/caliente/naranjaAbsoluta
cat: pintura/caliente/naranjaAbsoluta: Ningún archivo o directorio de este tipo
```

Esto funciona para el archivo `naranja`, incluso si ningún dato está presente en este archivo. Por otro lado, no es posible acceder al archivo `naranjaAbsoluta` ya que el vínculo simbólico que se creó con una ruta absoluta no es válido después que el directorio `color` se renombró a `pintura`.

15.

```
[tux]$ pwd
/home/tux/capítulo3
[tux]$ ls -R
.:
forma  pintura  services

./forma:
ángulo  curva

./forma/ángulo:
cuadrado  rectángulo  triángulo

./forma/curva:
redondo

./pintura:
caliente  frio

./pintura/caliente:
amarillo  naranja  naranjaAbsoluta  rosa  rojo

./pintura/frio:
azul  verde
```

Solución 3.6 Para ir más lejos

1. Por ejemplo, con el administrador de archivos gráfico Nautilus:

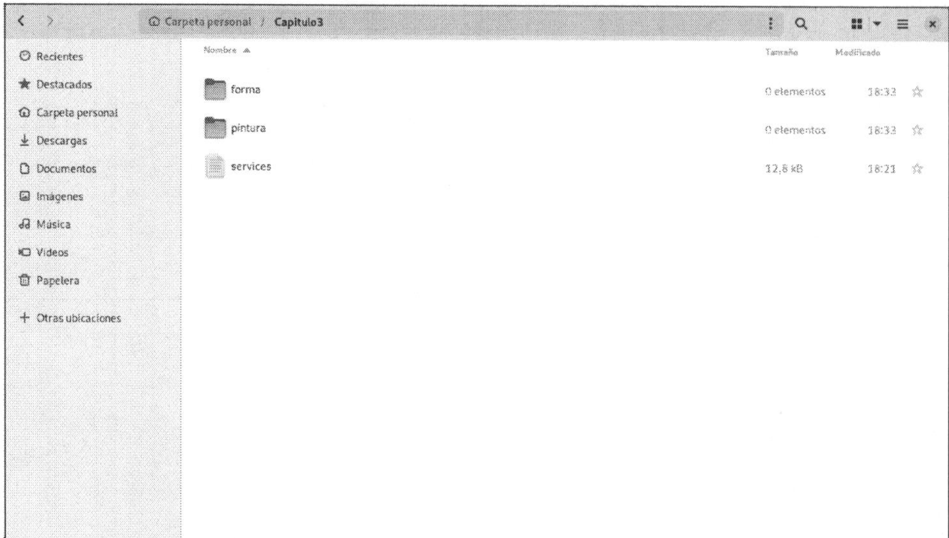

Capítulo 4

Edición de archivos de texto - Vi

Requisitos previos

1. a. **Verdadero**.
   b. **Verdadero**.
   c. **Verdadero**.
   d. **Verdadero**.
   e. **Verdadero**. Existen implementaciones libres de Vi para todos los sistemas operativos enunciados anteriormente.
2. **Si**. Vim (*Vi IMproved*) es una variante de Vi; esta herramienta posee los mismos comandos que el editor de texto original Vi, así como las funcionalidades suplementarias.
3. Los tres modos de funcionamiento de Vi son:
   - Modo "comandos": en este modo, cada vez que se pulsa una tecla o una combinación de teclas del teclado se interpreta como un comando (desplazamiento del cursor, edición del texto...);
   - Modo "inserción" o "edición": modo en el que los caracteres pulsados en el teclado se insertan como tales en el archivo;
   - Modo "a pie de pantalla", "ex" o "global": este modo permite ordenar a Vi la ejecución de comandos complejos (visualizadas a medida que se introducen a pie de pantalla). Los comandos pasados en este modo se refieren al conjunto del archivo o sobre el propio editor; por ejemplo, la búsqueda o reemplazo de cadenas de caracteres, la copia de seguridad de un archivo modificado o la configuración de las opciones del editor.

En todo momento el usuario se encuentra en uno de estos modos y la tecla [Esc] permite volver (o permanecer) en el modo "comandos":

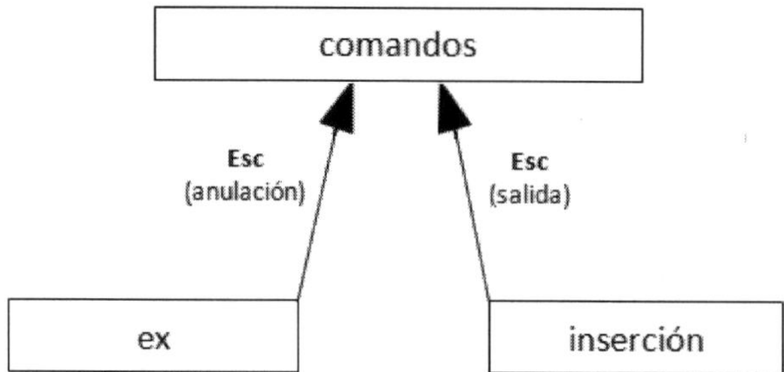

Al abrir el editor, el usuario se encuentra en el modo "comandos".

4. a. **Falso**. Esta no permite salir excepto si se está en modo comandos y no se ha aportado ninguna modificación.
   b. **Falso**. Esta no permite salir excepto si es está en modo comandos.
   c. **Falso**. Esta no permite salir excepto si no se ha aportado ninguna modificación.
   d. **Verdadero**. Esta permite salir independientemente del modo en que se encuentre (tecla [Esc]), incluso si se han aportado modificaciones (tecla `!`).

Solución 4.1 Inicialización y salida de Vi

1. Pulse las teclas [Ctrl]-[Alt]-[F3], después:

```
localhost login: tux
Password: <la contraseña no aparece>
[tux]$
```

2.

```
[tux]$ vi
```

Llamado sin argumentos, el comando **vi** edita un nuevo archivo de texto:

```
~
~
~
~                             VIM - Vi IMproved
~
~                              version 9.0.2142
~                          by Bram Moolenaar et al.
~                    Modified by team+vim@tracker.debian.org
~                  Vim is open source and freely distributable
~
~                         Help poor children in Uganda!
~                 type  :help iccf<Enter>       for information
~
~                 type  :q<Enter>               to exit
~                 type  :help<Enter>  or  <F1>  for on-line help
~                 type  :help version9<Enter>   for version info
~
~                         Running in Vi compatible mode
~                 type  :set nocp<Enter>        for Vim defaults
~                 type  :help cp-default<Enter> for info on this
~
~
~
~
~
```

3. **:q**, luego [Intro]: permite salir.
[Esc], luego **:q!**, luego [Intro]: permite salir desde cualquier modo de funcionamiento de Vi, incluso habiendo aportado modificaciones.

4.

```
[tux]$ vi /etc/hosts
```

Esto da:

```
127.0.0.1       localhost
127.0.1.1       debian

# The following lines are desirable for IPv6 capable hosts
::1     localhost ip6-localhost ip6-loopback
ff02::1 ip6-allnodes
ff02::2 ip6-allrouters
~
~
~
~
~
~
~
~
~
~
~
~
~
~
~
~
~
~
~
~
"/etc/hosts" [readonly] 7 lines, 186 bytes
```

Los caracteres ~ situados al principio de línea indican que las líneas están vacías.

5. **:q**, luego [Intro]: permite salir.
[Esc], luego **:q!**, luego [Intro]: permite salir sin importar el modo de funcionamiento de Vi, incluso habiendo aportado modificaciones.

Solución 4.2 Comandos de desplazamiento

1.

```
[tux]$ vi /etc/services
```

Esto da:

```
# Network services, Internet style
#
# Updated from https://www.iana.org/assignments/service-names-
port-numbers/service-names-port-numbers.xhtml .
#
# New ports will be added on request if they have been officially
# assigned by IANA and used in the real-world or are needed by a debian package.
# If you need a huge list of used numbers please install the nmap package.

tcpmux          1/tcp                           # TCP port service multiplexer
echo            7/tcp
echo            7/udp
discard         9/tcp           sink null
discard         9/udp           sink null
systat          11/tcp          users
daytime         13/tcp
daytime         13/udp
netstat         15/tcp
qotd            17/tcp          quote
chargen         19/tcp          ttytst source


chargen         19/udp          ttytst source
ftp-data        20/tcp ftp              21/tcp
fsp             21/udp          fspd
"/etc/services" [readonly] 361 lines, 12813 byte
```

2. **j**: permite desplazar el cursor una línea hacia abajo.
   En todo momento, para estar seguro de efectuar los comandos siguientes en modo "comandos", es posible pulsar la tecla [Esc].
3. **12j**: permite desplazar el cursor doce líneas hacia abajo.
4. **8k**: permite desplazar el cursor ocho líneas hacia arriba.
5. **16l**: permite desplazar el cursor dieciséis caracteres hacia la derecha.
6. **9h**: permite desplazar el cursor nueve caracteres hacia la izquierda.
7. **$**: permite desplazar el cursor al final de línea.
8. **0**: permite desplazar el cursor al inicio de línea.

9. **w** (el separador de palabras es todo carácter no alfanumérico) o **W** (el separador de palabras es un carácter de espaciamiento): permite desplazar el cursor hasta el primer carácter de la palabra siguiente.
10. **b** (el separador de palabras es todo carácter no alfanumérico) o **B** (el separador de palabras es un carácter de espaciamiento): permite desplazar el cursor hasta el primer carácter de la palabra anterior.
11. **e** (el separador de palabra es todo carácter no alfanumérico) o **E** (el separador de palabras es un carácter de espaciamiento): permite desplazar el cursor hasta el último carácter de la palabra siguiente.
12. **G**: permite desplazar el cursor hasta la última línea del archivo.
13. **1G**: permite desplazar el cursor hasta la primera línea del archivo.
14. **45G**: permite desplazar el cursor hasta la línea 45ª del archivo.
15. [Ctrl]-**b**: permite desplazar el cursor una página hacia arriba.
16. [Ctrl]-**f**: permite desplazar el cursor una página hacia abajo.

Solución 4.3 Comandos de edición y de corrección

1. **1G**, luego **6l**: permite volver a la primera línea del archivo y desplazar el cursor hasta el sexto carácter de la misma.
2. **i**: permite entrar en el modo "edición" con inserción antes del cursor.
"uno": introducción del texto.
3. [Esc], luego **3l**: permite volver al modo "comandos" y desplazar el cursor tres caracteres hacia la derecha.
a: permite entrar en el modo "edición" con inserción después del cursor.
"dos": introducción del texto.
4. [Esc]: permite volver en modo "comandos".
I (carácter "I" en mayúscula): permite entrar en el modo “edición” con inserción al inicio de línea.
"tres": introducción del texto.
5. [Esc]: permite volver al modo "comandos".
A: permite entrar en el modo “edición” con inserción al final de línea.
"cuatro": introducción del texto.
6. [Esc]: permite volver al modo "comandos".
6h: permite desplazar el cursor seis caracteres hacia la izquierda.
7. **x**: permite suprimir el carácter bajo el cursor.
8. **X**: permite suprimir el carácter situado antes del cursor.

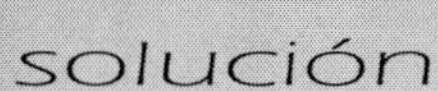

9. **5X**: permite suprimir los cinco caracteres precedentes al cursor.
10. **d$**: permite borrar todos los caracteres que se encuentren desde rl cursor hasta el final de la línea.
11. **6h**: permite desplazar el cursor seis caracteres hacia la izquierda.
12. **d0**: permite borrar todos los caracteres que se encuentren desde el inicio de la línea hasta el cursor.
13. **$**: permite desplazarse al final de línea.
    p: permite pegar el texto almacenado en la memoria intermedia (después el cursor).
14. **dd**: permite borrar la totalidad de una línea.
15. **G**: permite desplazarse hasta la última línea.
    yy: permite copiar la totalidad de una línea.
    1G: permite volver al inicio del archivo.
    P: permite pegar la línea anteriormente copiada (antes del cursor).
16. **u**: permite anular el comando anterior.
    Es posible con Vim anular todos los comandos efectuados desde la última copia de seguridad, lo que no es posible con la herramienta Vi original.
17. **1G**: permite volver a la primera línea.
    4dd: permite borrar cuatro líneas de una vez.
18. **.** (punto): permite repetir el comando anterior.

Solución 4.4 Comandos globales

1. **:w**, luego [Intro]: permite guardar el trabajo.
   En el caso actual, este visualiza un error:

```
E45: La opción 'readonly' está activada (añadir ! para pasar otra)
Pulse INTRO o escriba un comando para continuar
```

   Este error se devuelve porque el usuario ordinario **`tux`** no tiene el permiso de modificar el archivo *`/etc/services`*.
2. **:w ~/services2**, luego [Intro]: permite guardar el trabajo en un archivo diferente (guardar como).
3. **1G**, luego **dd**: permite suprimir la primera línea del archivo.
   :wq, luego [Intro]: permite guardar el trabajo y salir.

4.

```
[tux]$ vi /etc/services
```

/tcp, luego [Intro]: permite buscar la cadena de caracteres "tcp".

5. **n**: permite desplazar el cursor de ocurrencia en ocurrencia en una cadena de caracteres previamente buscada.
6. **N**: permite desplazar el cursor de ocurrencia en ocurrencia en el sentido inverso de una búsqueda.
7. **:1, $s/udp/UDP/g**, luego [Intro]: permite sustituir una cadena de caracteres por otra, para todas las ocurrencias de cada línea del archivo.

Solución 4.5 Opciones del editor

1. **:set all**, luego [Intro]: permite visualizar todas las opciones del editor.

```
:set all
--- Options ---
  aleph=224           fileformat=unix     modeline            swapsync=fsync
  noarabic            filetype=conf       modelines=5         switchbuf=
  arabicshape         nofkmap             modifiable          syntax=conf
  noallowrevins       foldclose=          nomodified          tabstop=8
  noaltkeymap         foldcolumn=0        more                tagbsearch
  ambiwidth=single    foldenable          mouse=              taglength=0
  noautoindent        foldexpr=0          mousemodel=extend   tagrelative
  noautoread          foldignore=#        mousetime=500       tagstack
  noautowrite         foldlevel=0         nonumber            term=linux
  noautowriteall      foldlevelstart=-1   nopaste             notermbidi
  background=dark     foldmethod=manual   pastetoggle=        termencoding=
  backspace=2         foldminlines=1      patchexpr=          noterse
  nobackup            foldnestmax=20      patchmode=          textauto
  backupcopy=auto     formatprg=          nopreserveindent    notextmode
  backupext=~         nogdefault          previewheight=12    textwidth=0
  backupskip=/tmp/*   helpheight=20       nopreviewwindow     thesaurus=
  nobinary            helplang=fr         printdevice=        notildeop
  nobomb              nohidden            printencoding=      timeout
  bufhidden=          history=50          printfont=courier   timeoutlen=1000
  buflisted           nohkmap             printoptions=       notitle
  buftype=            nohkmapp            readonly            titlelen=85
-- Más -
```

2. **:set nu**, luego [Intro]
o:
:set number, luego [Intro]: permite visualizar los números de líneas.

3. **:set tabstop=2**, luego [Intro]: permite definir el número de espacios para representar una tabulación.
4. [Esc], luego **:q!**, luego [Intro]: permite salir desde cualquier modo de funcionamiento de Vi, incluso habiendo aportado modificaciones.
   Luego:

```
[tux]$ vi /etc/services
```

5. No, las opciones no se conservan al abandonar Vi. Es necesario guardar los comandos anteriores (sin el : del principio) en el archivo *.exrc* o *.vimrc* (en el directorio personal del usuario).

Solución 4.6 Para ir más lejos

1.

```
[tux]$ vimtutor
```

Después:

```
===============================================================================
=    B i e n v e n i d o   a l   t u t o r   d e   V I M  -  Versión 1.7     =
===============================================================================

     Vim es un editor muy potente que dispone de muchos mandatos, demasiados
     para ser explicados en un tutor como éste. Este tutor está diseñado
     para describir suficientes mandatos para que usted sea capaz de
     aprender fácilmente a usar Vim como un editor de propósito general.

     El tiempo necesario para completar el tutor es aproximadamente de 25-30
     minutos, dependiendo de cuanto tiempo se dedique a la experimentación.

     Los mandatos de estas lecciones modificarán el texto. Haga una copia de
     este fichero para practicar (con «vimtutor» esto ya es una copia).

     Es importante recordar que este tutor está pensado para enseñar con
     la práctica. Esto significa que es necesario ejecutar los mandatos
     para aprenderlos adecuadamente. Si únicamente se lee el texto, se
     olvidarán los mandatos.

     Ahora, asegúrese de que la tecla de bloqueo de mayúsculas no está
     activada y pulse la tecla  j  lo suficiente para mover el cursor
     de forma que la Lección 1.1 ocupe completamente la pantalla.
~~~~~~~~~~~~~~~~~~~~~~~~~~~~~~~~~~~~~~~~~~~~~~~~~~~~~~~~~~~~~~~~~~~~~~~~~~~~~~~
"/tmp/tutorLtvjVE" 769 líneas, 28041 caracteres
```

2. Existe documentación acerca de Vim en el manual electrónico, en el directorio dedicado los documentos (*/usr/share/doc*), HOWTO, sitios web...
3. Por ejemplo, la versión gráfica de la herramienta Emacs llamada XEmacs y que se inicia con el comando **xemacs**:

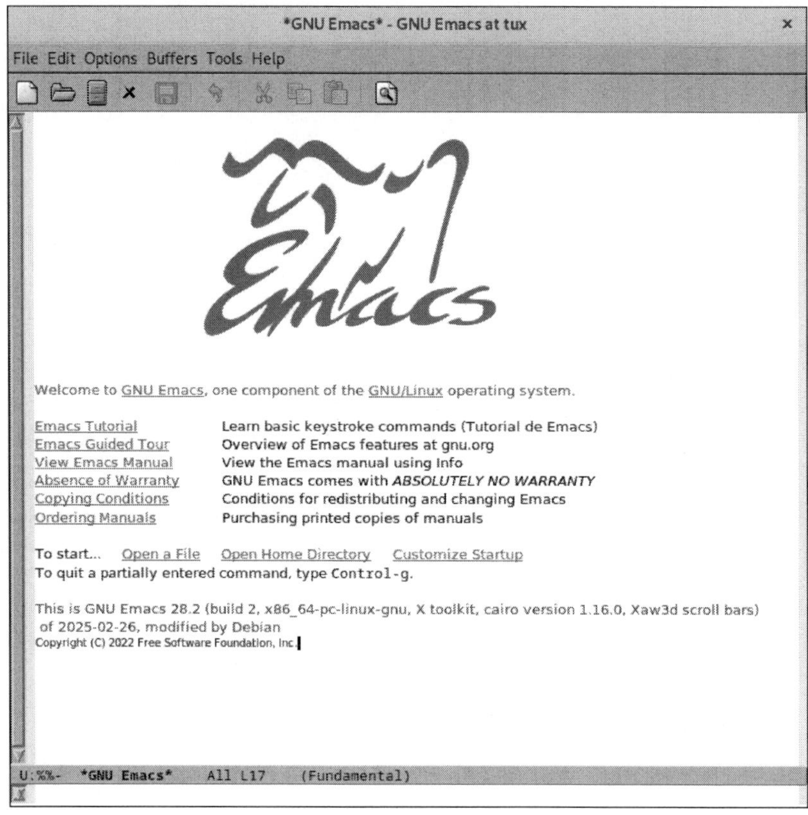

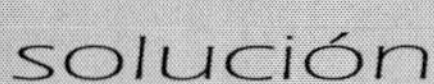

Gedit, iniciado con el comando **gedit**, propone la edición de varios archivos al mismo tiempo utilizando un sistema de pestañas:

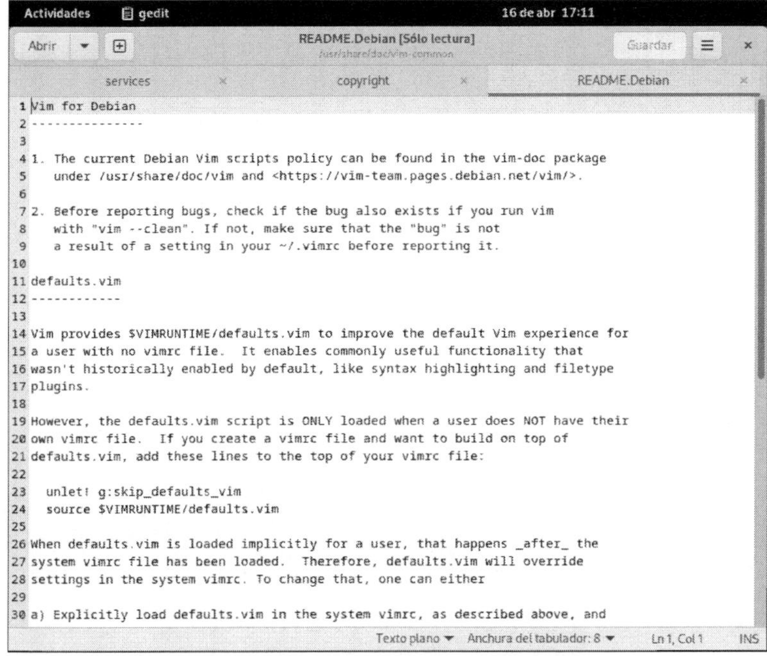

La coloración sintáctica con Nedit (comando **nedit**):

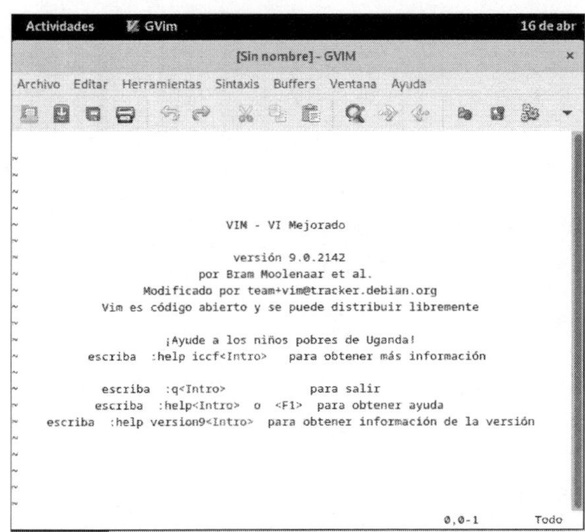

Nota

Existe aún un gran número de editores de texto presentes en las diferentes distribuciones GNU/Linux.

Capítulo 5

Permisos de acceso a los archivos

Requisitos previos

1. a. **Falso**. Es el administrador del sistema **root** quien posee el UID (*User IDentifier*) igual a 0.

   b. **Falso**. Aunque los usuarios ordinarios están a menudo reunidos en grupos comunes, no es el grupo principal (GID) quien caracteriza una cuenta Linux sino su UID.

   c. **Verdadero**. Los UID comprendidos entre 1 y 999 están generalmente reservados a las cuentas "aplicativos" permitiendo limitar los permisos otorgados a los programas iniciados en el sistema.

   d. **Falso**. Toda cuenta de Linux que permita conectarse a un sistema debe poseer una contraseña compleja.

2. Los permisos de acceso a un archivo ordinario significan:
   - **r**: autorización para leer el contenido de archivo.
   - **w**: autorización para modificar el contenido del archivo.
   - **x**: autorización para ejecutar el archivo.

3. Los permisos de acceso a un directorio significan:
   - **r**: autorización para listar las entradas de un directorio.
   - **w**: autorización para modificar las entradas de un directorio.
   - **x**: autorización para acceder a las entradas de un directorio.

4. **rwxr-xr--** en notación simbólica es equivalente a **754** en notación octal.

5. **640** en notación octal es equivalente a **rw-r-----** en notación simbólica.

6. a. **Falso**. Este permiso autoriza la ejecución del archivo pero no permite asumir la identidad del propietario de este archivo.

   b. **Verdadero**. El permiso SUID permite ejecutar el archivo bajo la identidad del propietario del archivo.

   c. **Falso**. El permiso SGID permite ejecutar el archivo bajo la identidad del grupo del archivo.

   d. **Falso**. El permiso SVTX (o Sticky Bit) posicionado en un archivo ejecutable permite mantenerlo en memoria a fin de acelerar su carga; esto no suele utilizarse hoy en día con la gestión actual de la memoria.

Solución 5.1 Cuentas de usuarios y grupos

1. Pulse las teclas [Ctrl]-[Alt]-[F3], después:

```
localhost login: tux
Password: <la contraseña no aparece>
[tux]$
```

2.

```
[tux]$ id
uid=1001(tux) gid=1001(tux) groups=1001(tux) context=unconfined_u:
unconfined_r:unconfined_t:s0-s0:c0.c1023
[tux]$ id tux2
uid=1002(tux2) gid=1002(tux2) groups=1002(tux2)
[tux]$ id root
uid=0(root) gid=0(root) groups=0(root)
```

3.

```
[tux]$ groups
tux
[tux]$ groups tux2 root
tux2 : tux2
root : root
```

Solución 5.2 Permisos por defecto

1.

```
[tux]$ cd
[tux]$ pwd
/home/tux
[tux]$ mkdir capítulo5
```

2.

```
[tux]$ cd capítulo5
[tux]$ pwd
/home/tux/capítulo5
```

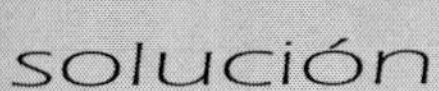

3.

```
[tux]$ umask
0022
```

Este valor significa que los archivos recién creados tendrán los permisos siguientes:

- **0755** o **rwxr-xr** para los directorios,
- **0644** o **rw-r--r--** para los archivos ordinarios.

4.

```
[tux]$ touch fic1
[tux]$ mkdir dir1
```

5.

```
[tux]$ ls -l
total 0
-rw-r--r--  1 tux tux    0 jul 8 11:37 fic1
drwxr-xr-x  2 tux tux    6 jul 8 11:38 dir1
```

Los permisos por defecto del archivo *fic1* y del directorio *dir1* corresponden al valor de la máscara devuelta por el comando **umask**.

6.

```
[tux]$ umask 27
[tux]$ umask
0027
```

Este nuevo valor significa que los archivos recién creados tendrán los permisos siguientes:

- **0750** o **rwxr-x---** para los directorios,
- **0640** o **rw-r-----** para los archivos ordinarios.

7.

```
[tux]$ touch fic2
[tux]$ mkdir dir2
```

8.

```
[tux]$ ls -l
total 40
-rw-r--r--  1 tux tux    0 jul 8 14:47 fic1
-rw-r-----  1 tux tux    0 jul 8 11:38 fic2
drwxr-xr-x  2 tux tux    6 jul 8 14:47 dir1
drwxr-x---  2 tux tux    6 jul 8 11:38 dir2
```

El valor de la máscara solo influye en los permisos de la creación de los archivos; los permisos del archivo *fic1* y del directorio *dir1* no han sido por tanto modificados.

Solución 5.3 Permisos de los directorios

1.

```
[tux]$ ls -ld dir1
drwxr-xr-x  2 tux tux 6 jul 8 14:47 dir1
[tux]$ chmod o+w dir1
[tux]$ ls -ld dir1
drwxr-xrwx  2 tux tux 6 jul 8 14:47 dir1
```

2.

```
[tux]$ ls -ld dir2
drwxr-x---  2 tux tux 6 jul 10 11:38 dir2
[tux]$ chmod 777 dir2
[tux]$ ls -ld dir2
drwxrwxrwx  2 tux tux 6 jul 10 11:38 dir2
```

3.

```
[tux]$ mkdir /tmp/tux
[tux]$ chmod 777 /tmp/tux
```

4.

```
[tux]$ touch /tmp/tux/secret
```

5.

```
[tux]$ ls -l /tmp/tux/secret
-rw-r-----  1 tux tux 0 jul 8 14:50 /tmp/tux/secret
[tux]$ chmod 400 /tmp/tux/secret
[tux]$ ls -l /tmp/tux/secret
-r--------  1 tux tux 0 jul 8 14:50 /tmp/tux/secret
```

6. Pulse las teclas [Ctrl]-[Alt]-[F4], después :

```
localhost login: tux2
Password: <la contraseña no aparece>
[tux2]$
```

7.

```
[tux2]$ ls -l /tmp/tux/secret
-r--------  1 tux tux 0 jul 8 14:50 /tmp/tux/secret
[tux2]$ cat /tmp/tux/secret
cat: /tmp/tux/secret: Permiso no concedido
```

Los permisos definidos en el archivo *secret* no autorizan al usuario **tux2** a visualizar el contenido del archivo.

8.

```
[tux2]$ rm /tmp/tux/secret
rm : eliminar '/tmp/tux/secret' que está protegido en modo escritura
y es del tipo « archivo vacío » ? o
[tux2]$ ls -l /tmp/tux/secret
ls: imposible acceder a '/tmp/tux/secret': No hay ningún archivo
o directorio de este tipo
```

A pesar del aviso, es posible para el usuario **tux2** suprimir el archivo *secret* ya que los permisos definidos en el directorio */tmp/tux* autorizan al usuario a modificar su contenido, especialmente a eliminar los archivos que contiene.

Solución 5.4 Permisos y vínculos

1. Pulse las teclas [Ctrl]-[Alt]-[F3], después:

```
[tux]$ cd /home/tux/capítulo5
[tux]$ pwd
/home/tux/capítulo5
```

2.

```
[tux]$ umask 002
[tux]$ umask
0002
```

3.

```
[tux]$ mkdir docperso
[tux]$ chmod 700 docperso
```

Los permisos 700 autorizan al usuario **tux** a acceder a los archivos contenidos en su directorio *docperso*.

4.

```
[tux]$ cd docperso
[tux]$ touch fica ficb ficc ficd
[tux]$ ls -l
total 60
-rw-rw-r--  1 tux tux 0 jul 8 14:53 fica
-rw-rw-r--  1 tux tux 0 jul 8 14:53 ficb
-rw-rw-r--  1 tux tux 0 jul 8 14:53 ficc
-rw-rw-r--  1 tux tux 0 jul 8 14:53 ficd
```

5.

```
[tux]$ ln fica /tmp/vínculofica
[tux]$ ln -s /home/tux/capítulo5/docperso/ficb /tmp/vínculoficb
```

6. Pulse las teclas [Ctrl]-[Alt]-[F4] después:

```
[tux2]$ ls /home/tux/capítulo5/docperso
ls: imposible acceder a '/home/tux/capítulo5/docperso': Permiso no concedido
```

Los permisos del directorio *docperso* no autorizan al usuario **tux2** a listar su contenido.

7.

```
[tux2]$ cat /tmp/vínculofica
```

El vínculo duro es un nombre suplementario dado a un archivo; posee entonces los mismos permisos que el archivo de origen, siendo **rw-rw-r--** para el archivo *fica*, lo que autoriza al usuario **tux2** a leer su contenido.

8.

```
[tux2]$ cat /tmp/vínculoficb
cat: /tmp/vínculoficb: Permiso no concedido
```

El vínculo simbólico es un archivo que contiene la ruta del archivo origen; es necesario entonces seguir esta ruta y poseer los permisos necesarios para acceder al archivo de origen, lo que no autoriza el directorio *docperso* al usuario **tux2**.

Solución 5.5 SUID, SGID y Sticky Bit

1. Pulse las teclas [Ctrl]-[Alt]-[F3].
2.

```
[tux]$ ls -l /usr/bin/passwd
-rwsr-xr-x. 1 root root 34512 ago 12 2018 /usr/bin/passwd
[tux]$ ls -l /etc/shadow
----------. 1 root root 1570  jul 8  06:32 /etc/shadow
```

La **s** a nivel de permisos del propietario del archivo */usr/bin/passwd* permite al usuario asumir la identidad de root al ejecutar el comando **passwd**; esto es obligatorio para tener el permiso de cambiar su contraseña en el archivo */etc/shadow*.

3.

```
[tux]$ ls -l /usr/bin/id
-rwxr-xr-x   1 root root 56752 ene 11 15:51 /usr/bin/id
[tux]$ cp /usr/bin/id /tmp
```

4.

```
[tux]$ chmod u+s /tmp/id
```

5. Pulse las teclas [Ctrl]-[Alt]-[F4] después:

```
[tux2]$ ls -l /tmp/id
-rwsr-xr-x 1 tux tux 56752 jul 8 14:54 /tmp/id
```

6.

```
[tux2]$ id
uid=1002(tux2) gid=1002(tux2) grupos=1002(tux2)
context=unconfined_u:unconfined_r:unconfined_t:s0-s0:c0.c1023
[tux2]$ /tmp/id
uid=1002(tux2) gid=1002(tux2) euid=1001(tux) grupos=1002(tux2)
context=unconfined_u:unconfined_r:unconfined_t:s0-s0:c0.c1023
```

En el caso del archivo */tmp/id*, el comando indica que está ejecutado bajo el UID efectivo (**euid**) de **tux** y no de **tux2**; esto se debe al hecho que el archivo */tmp/id* corresponde a **tux** y que el permiso SUID está activado.

7.

```
[tux2]$ ls -l /usr/bin/write
-rwxr-sr-x  1 root tty 22544dic  11 06:31 /usr/bin/write
[tux2]$ ls -l /dev/pts/0
crw--w----  1 tux tty 136,0 8 jul 11 00:03 /dev/tty3
```

La **s** a nivel de permisos del grupo del archivo */usr/bin/write* permite al usuario asignar la identidad del grupo **tty** al ejecutar el comando **write**; así, un usuario tiene el permiso de escribir en un terminal de otro usuario (*/dev/tty3* por ejemplo) vía el comando **write**.

8.

```
[tux2]$ rm /tmp/vinculofica
rm : eliminar '/tmp/vinculofica' que está protegido en modo escritura y es
del tipo « archivo vacío» ? o
rm: imposible eliminar '/tmp/vinculofica': Operacioón no permitida
[tux2]$ ls -ld /tmp
drwxrwxrwt. 22 root root 4096  8 jul. 11:51 /tmp
```

Aunque **tux2** tiene los permisos para modificar el contenido del directorio */tmp* puesto que puede añadir sus propios archivos en */tmp*, no tiene el permiso de suprimir los archivos de otro usuario ya que el bit Sticky está activado en el directorio (carácter **t** a nivel de los permisos de los otros usuarios).

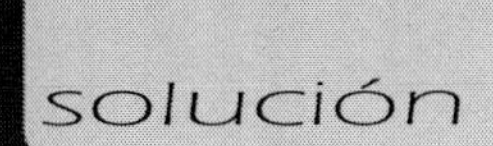

Solución 5.6 Para ir más lejos

1. Por ejemplo, con el administrador de archivos gráfico Nautilus:

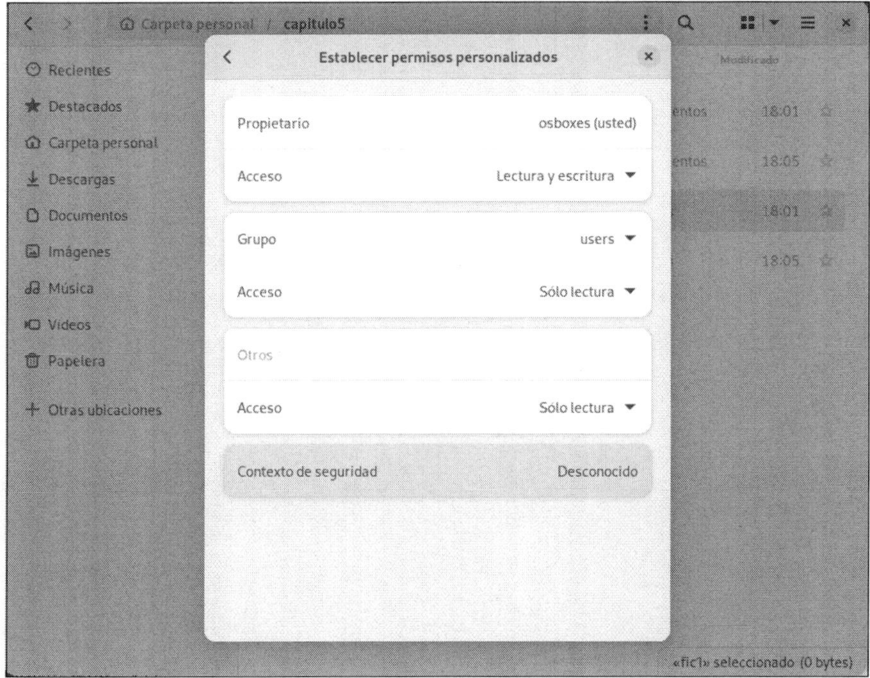

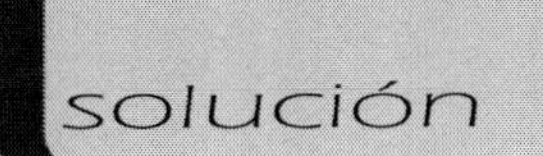

Capítulo 6
Administración de procesos

Requisitos previos

1. Todo proceso está identificado por un número único, el PID (*Process IDentifier*); el núcleo (kernel) utiliza una tabla de procesos para la administración de las tareas. El PID 1 pertenece al primer proceso del sistema: init, o systemd en los sistemas más recientes.
2. a. **Verdadero**. Todo proceso tiene obligatoriamente un padre, salvo el primer proceso del sistema.

   b. **Falso**. Un proceso puede tener cero, uno o varios procesos hijos.

   c. **Falso**. Los procesos iniciados automáticamente como servicios en el arranque del sistema se llaman "demonios" en Linux.
3. La señal 1 (SIGHUP) se envía automáticamente al proceso si el usuario se desconecta del terminal teniendo permiso para iniciar el programa; por defecto, el proceso finaliza.
   La señal 2 (SIGINT) corresponde a la interrupción desde el teclado con la combinación de teclas [Ctrl]-C. El comportamiento por defecto es la finalización del proceso.
   La señal 9 (SIGKILL) es una de las pocas señales que no pueden ser ni interceptadas, ni ignoradas por un proceso. Todo proceso que recibe esta señal finaliza inmediatamente sin realizar operación de limpieza alguna.
   La señal 15 (SIGTERM) es la señal enviada por defecto por el comando **`kill`**. Por defecto, el proceso finaliza.
4. **`$ comando`**
5. **`$ comando &`**

Solución 6.1 Visualización de procesos

1. Pulse las teclas [Ctrl]-[Alt]-[F3], después:

```
localhost login: tux
Password: <la contraseña no aparece>
[tux]$
```

2.

```
[tux]$ ps --help

Uso:
 ps [opciones]

 Try 'ps --ayuda <simple|lista|salida|hilos|varios|todo>'
  or 'ps --ayuda <s|l|o|t|m|a>'
 for additional help text.

For more details see ps(1).
```

Luego, para obtener la lista de opciones básicas del comando:

```
[tux]$ ps --help simple

Uso:
 ps [opciones]

Opciones básicas:
 -A, -e              todos los procesos
 -a                   todos con tty, excepto líderes de sesión
  a                   todo con tty, incluyendo otros usuarios
 -d                   todo excepto líderes de sesión
 -N, --deselect       niega la selección
  r                    solo procesos en ejecución
  T                   todos los procesos en esta terminal
  x                   procesos que no controlan ttys
For more details see ps(1).
```

A continuación, para obtener la lista de opciones de selección d los procesos mostrados por el comando:

```
[tux]$ ps --help list

Uso:
ps [opciones]

Selección por lista:
 -C <orden>          nombre de orden (comando)
 -G, --Group <GID>     id de grupo real o nombre
 -g, --group <grupo>   sesión o nombre de grupo efectivo
 -p, p, --pid <PID>    id de proceso
        --ppid <PID>   id de proceso padre
 -q, q, --quick-pid <PID>
                       id de proceso (modo rápido)
 -s, --sid <sesión>    id de sesió
 -t, t, --tty <tty>    terminal
 -u, U, --user <UID>   id de usuario efectivo o nombre
 -U, --User <UID>      id de usuario real o nombre
  The selection options take as their argument either:
    a comma-separated list e.g. '-u root,nobody' or
    a blank-separated list e.g. '-p 123 4567'

For more details see ps(1).
```

3.

```
[tux]$ man ps
```

4.

```
[tux]$ ps
 PID TTY          TIME CMD
4084 tty1     00:00:00 bash
4171 tty1     00:00:00 ps
```

5.

```
[tux]$ ps -u tux
 PID TTY          TIME CMD
4084 tty1     00:00:00 bash
4123 ?        00:00:00 sshd
4124 pts/1    00:00:00 bash
4179 pts/1    00:00:00 ps
```

6.

```
[tux]$ ps aux
USER       PID %CPU %MEM   VSZ   RSS TTY   STAT START  TIME COMMAND
root         1  0.0  0.2  1748   560 ?     S    04:08  0:01 systemd
root         2  0.0  0.0     0     0 ?     SN   04:08  0:00 [ksoftirqd/0]
root         3  0.0  0.0     0     0 ?     S<   04:08  0:00 [events/0]
root         4  0.0  0.0     0     0 ?     S<   04:08  0:00 [khelper]
root         5  0.0  0.0     0     0 ?     S<   04:08  0:00 [kthread]
root         7  0.0  0.0     0     0 ?     S<   04:08  0:00 [kacpid]
...
gdm       2705  0.1  3.3 20284  8644 ?     Ss   04:10  0:08 /usr/bin/gdmgre
tux       4084  0.0  0.5  4572  1504 tty1  Ss+  05:40  0:00 -bash
root      4119  0.0  0.8  7240  2228 ?     Ss   05:40  0:00 sshd: tux [priv
tux       4123  0.0  0.9  7240  2332 ?     S    05:40  0:00 sshd: tux@pts/1
tux       4124  0.0  0.5  4572  1504 pts/1 Ss   05:40  0:00 -bash
tux       4255  0.0  0.3  4700   860 pts/1 R+   05:49  0:00 ps aux
```

7.

```
[tux]$ ps -ef
UID        PID  PPID  C STIME TTY          TIME CMD
root         1     0  0 04:08 ?        00:00:01 systemd
root         2     1  0 04:08 ?        00:00:00 [ksoftirqd/0]
root         3     1  0 04:08 ?        00:00:00 [events/0]
root         4     1  0 04:08 ?        00:00:00 [khelper]
root         5     1  0 04:08 ?        00:00:00 [kthread]
root         7     5  0 04:08 ?        00:00:00 [kacpid]
...
gdm       2705  2661  0 04:10 ?        00:00:08 /usr/bin/gdmgreeter
tux       4084  2405  0 05:40 tty1     00:00:00 -bash
root      4119  2269  0 05:40 ?        00:00:00 sshd: tux [priv]
tux       4123  4119  0 05:40 ?        00:00:00 sshd: tux@pts/1
tux       4124  4123  0 05:40 pts/1    00:00:00 -bash
tux       4274  4124  0 05:51 pts/1    00:00:00 ps -ef
```

8.

```
[tux]$ pstree
systemd─┬─ModemManager───2*[{ModemManager}]
        ├─NetworkManager───2*[{NetworkManager}]
        ├─VGAuthService
        ├─accounts-daemon───2*[{accounts-daemon}]
        ├─agetty
        ├─alsactl
        ├─atd
        ├─auditd---sedispatch
        │       +-2*[{auditd}]
        ├─avahi-daemon---avahi-daemon
        ├─boltd---2*[{boltd}]
        ├─chronyd
        ├─colord---2*[{colord}]
        ├─crond
        ├─cupsd
        ├─dbus-daemon---{dbus-daemon}
        ├─dnsmasq---dnsmasq
        ├─firewalld---{firewalld}
        ├─fwupd---4*[{fwupd}]
...
```

Solución 6.2 Señales y comando kill

1.

```
[tux]$ kill -l
 1) SIGHUP       2) SIGINT       3) SIGQUIT      4) SIGILL
 5) SIGTRAP      6) SIGABRT      7) SIGBUS       8) SIGFPE
 9) SIGKILL     10) SIGUSR1     11) SIGSEGV     12) SIGUSR2
13) SIGPIPE     14) SIGALRM     15) SIGTERM     17) SIGCHLD
18) SIGCONT     19) SIGSTOP     20) SIGTSTP     21) SIGTTIN
22) SIGTTOU     23) SIGURG      24) SIGXCPU     25) SIGXFSZ
26) SIGVTALRM   27) SIGPROF     28) SIGWINCH    29) SIGIO
30) SIGPWR      31) SIGSYS      34) SIGRTMIN    35) SIGRTMIN+1
36) SIGRTMIN+2  37) SIGRTMIN+3  38) SIGRTMIN+4  39) SIGRTMIN+5
40) SIGRTMIN+6  41) SIGRTMIN+7  42) SIGRTMIN+8  43) SIGRTMIN+9
44) SIGRTMIN+10 45) SIGRTMIN+11 46) SIGRTMIN+12 47) SIGRTMIN+13
48) SIGRTMIN+14 49) SIGRTMIN+15 50) SIGRTMAX-14 51) SIGRTMAX-13
52) SIGRTMAX-12 53) SIGRTMAX-11 54) SIGRTMAX-10 55) SIGRTMAX-9
56) SIGRTMAX-8  57) SIGRTMAX-7  58) SIGRTMAX-6  59) SIGRTMAX-5
60) SIGRTMAX-4  61) SIGRTMAX-3  62) SIGRTMAX-2  63) SIGRTMAX-1
64) SIGRTMAX
```

2.

```
[tux]$ man 7 signal
```

Esto da:

```
SIGNAL(7)              Manual del Programador de Linux           SIGNAL(7)

NOMBRE
        signal - Lista de las señales disponibles.

DESCRIPCIÓN
        Linux permite tanto las señales POSIX confiables (de aquí en adelante
       "señales estándar") como las señales POSIX en tiempo real.

   Señales Estándar
        Linux soporta las señales estándar listadas a continuación. Muchos
        números de señales dependes de la arquitectura, tal como se indica
        en la columna "Valor". (Donde aparezcan tres valores, el primero
        de ellos es válido normalmente para alpha y spcarc, el segundo para
        i386, ppc y sh, y el último para mips. Un - indica que una señal
        no está presente en la arquitectura correspondiente.)

        Las entradas de la columna "Acción" de la tabla especifican la
        acción por defecto para la señal de la siguiente manera:

        Term   La acción por defecto es terminar el proceso.

        Ign    La acción por defecto es ignorar la señal.

:
```

3.

```
[tux]$ ps -ef
UID        PID  PPID  C STIME TTY          TIME CMD
root         1     0  0 04:08 ?        00:00:01 systemd
root         2     1  0 04:08 ?        00:00:00 [ksoftirqd/0]
root         3     1  0 04:08 ?        00:00:00 [events/0]
root         4     1  0 04:08 ?        00:00:00 [khelper]
root         5     1  0 04:08 ?        00:00:00 [kthread]
root         7     5  0 04:08 ?        00:00:00 [kacpid]
...
gdm       2705  2661  0 04:10 ?        00:00:36 /usr/bin/gdmgreeter
tux       4084  2405  0 05:40 tty1     00:00:00 -bash
root      4119  2269  0 05:40 ?        00:00:00 sshd: tux [priv]
tux       4123  4119  0 05:40 ?        00:00:01 sshd: tux@pts/1
tux       4124  4123  0 05:40 pts/1    00:00:00 -bash
tux       4797  4124  0 06:28 pts/1    00:00:00 ps -ef
[tux]$ kill 2705
-bash: kill: (2705) - Operación no permitida
[tux]$ kill -9 2705
-bash: kill: (2705) - Operación no permitida
```

Sólo el administrador del sistema **root** tiene el permiso de enviar señales a procesos que no le pertenezcan.

4.

```
[tux]$ sleep 777
```

El comando **sleep** se limita a esperar el número de segundos indicados en el argumento.

```
[tux]$ ps -u tux
  PID TTY          TIME CMD
 4084 tty1     00:00:00 bash
 4123 ?        00:00:01 sshd
 4124 pts/1    00:00:00 bash
 4845 pts/1    00:00:00 sleep
 4866 ?        00:00:00 sshd
 4867 pts/2    00:00:00 bash
 4901 pts/2    00:00:00 ps
[tux]$ kill -term 4845
[tux]$ ps -u tux
  PID TTY          TIME CMD
 4084 tty1     00:00:00 bash
 4123 ?        00:00:01 sshd
 4124 pts/1    00:00:00 bash
 4866 ?        00:00:00 sshd
 4867 pts/2    00:00:00 bash
 4904 pts/2    00:00:00 ps
```

La señal SIGTERM es la señal por defecto enviada por el comando **kill**; sin embargo, es posible especificar la opción **-term** o **-15** en el comando **kill** para enviar esta misma señal.

Solución 6.3 Comando top

1.

```
top - 12:14:52 up  5:44,  2 users,  load average: 0,00, 0,00, 0,00
Tasks: 352 total,   1 running, 351 sleeping,   0 stopped,   0 zombie
%Cpu(s):  0,7 us,  0,5 sy,  0,0 ni, 98,5 id,  0,0 wa,  0,2 hi,  0,1 si,  0,0 st
MiB Mem :   3918,6 total,   1591,8 free,   1421,6 used,    905,2 buff/cache
MiB Swap:   3072,0 total,   3072,0 free,      0,0 used.   2232,7 avail Mem

  PID USER         RES    SHR S  %CPU  %MEM     TIME+ COMMAND
 5540 tux       183024  92528 S   3,0   4,6   1:46.83 gnome-shell
 6271 tux       143996  30768 S   1,3   1,1   0:21.88 gnome-terminal-
10705 tux         5032   3988 R   0,7   0,1   0:00.20 top
    1 root      113872   9016 S   0,3   0,3   0:04.69 systemd
   17 root           0      0 S   0,3   0,0   0:00.13 ksoftirqd/1
 2374 root       29592   8048 S   0,3   0,7   0:34.69 sssd_kcm
 5559 tux        54684  38204 S   0,3   1,4   0:01.33 Xwayland
10602 root           0      0 I   0,3   0,0   0:00.27 kworker/2:1-events
    2 root           0      0 S   0,0   0,0   0:00.06 kthreadd
    3 root           0      0 I   0,0   0,0   0:00.00 rcu_gp
    4 root           0      0 I   0,0   0,0   0:00.00 rcu_par_gp
    6 root           0      0 I   0,0   0,0   0:00.00 kworker/0:0H-kblockd
    8 root           0      0 I   0,0   0,0   0:00.00 mm_percpu_wq
    9 root           0      0 S   0,0   0,0   0:00.07 ksoftirqd/0
   10 root           0      0 I   0,0   0,0   0:02.95 rcu_sched
   11 root           0      0 S   0,0   0,0   0:00.00 migration/0
   12 root           0      0 S   0,0   0,0   0:00.01 watchdog/0
   13 root           0      0 S   0,0   0,0   0:00.00 cpuhp/0
```

2. **?** o **h**: permiten visualizar la ayuda incluida con el comando **top**.
Esto da:

```
Help for Interactive Commands - procps-ng 3.3.15
Window 1:Def: Cumulative mode Off.  System: Delay 3,0 secs; Secure mode Off.

  Z,B,E,e   Global: 'Z' colors; 'B' bold; 'E'/'e' summary/task memory scale
  l,t,m     Toggle Summary: 'l' load avg; 't' task/cpu stats; 'm' memory info
  0,1,2,3,I Toggle: '0' zeros; '1/2/3' cpus or numa node views; 'I' Irix mode
  f,F,X     Fields: 'f'/'F' add/remove/order/sort; 'X' increase fixed-width

  L,&,<,> . Locate: 'L'/'&' find/again; Move sort column: '<'/'>' left/right
  R,H,V,J . Toggle: 'R' Sort; 'H' Threads; 'V' Forest view; 'J' Num justify
  c,i,S,j . Toggle: 'c' Cmd name/line; 'i' Idle; 'S' Time; 'j' Str justify
  x,y     . Toggle highlights: 'x' sort field; 'y' running tasks
  z,b     . Toggle: 'z' color/mono; 'b' bold/reverse (only if 'x' or 'y')
  u,U,o,O . Filter by: 'u'/'U' effective/any user; 'o'/'O' other criteria
  n,#,^O  . Set: 'n'/'#' max tasks displayed; Show: Ctrl+'O' other filter(s)
  C,...   . Toggle scroll coordinates msg for: up,down,left,right,home,end

  k,r       Manipulate tasks: 'k' kill; 'r' renice
  d or s    Set update interval
  W,Y       Write configuration file 'W'; Inspect other output 'Y'
  q         Quit
          ( commands shown with '.' require a visible task display window )
Press 'h' or '?' for help with Windows,
Type 'q' or <Esc> to continue
```

3. La secuencia de teclas que permiten añadir la columna **PPID** a la visualización del comando **top** es:

- **f** para la lista de columnas que pueden visualizarse,
- **b** para seleccionar la columna **PPID**,
- [Intro] para validar la selección.

Una versión reciente del comando **Top** permitirá seleccionar las columnas a visualizar empleando las teclas de dirección y la tecla [Espacio] para validar.

4. **u**, luego el nombre de usuario **tux**, luego [Intro]: permite especificar el propietario de los procesos a visualizar.

5. **k**, luego el PID del proceso, luego [Intro], luego el número de señal, luego [Intro]: permite enviar una señal a un proceso.
El proceso **top** se detiene al recibir la señal.

Solución 6.4 Manipulación de procesos

1.

```
[tux]$ sleep 1111 &
[1] 2757
```

La cifra entre corchetes indica el número de trabajo (job) iniciado a partir del shell actual, el número siguiente es su PID.

2.

```
[tux]$ sleep 2222 &
[2] 2786
[tux]$ sleep 3333 &
[3] 2788
```

3. La secuencia de teclas que permite suspender un proceso en primer plano son [Ctrl]-**Z**.

```
[tux]$ sleep 4444

[4]+  Stopped                    sleep 4444
```

4.

```
[tux]$ jobs
[1]   Running                   sleep 1111 &
[2]   Running                   sleep 2222 &
[3]-  Running                   sleep 3333 &
[4]+  Stopped                   sleep 4444
```

5. La señal + indica el último proceso manipulado y el signo - el anterior.

6.

```
[tux]$ bg %4
[4]+ sleep 4444 &
```

Nota

Es también posible teclear el comando **bg** sin precisar el número del trabajo; el proceso correspondiente al comando **sleep 4444** es el último manipulado, este será el considerado por defecto.

7.

```
[tux]$ man sleep
```

Luego con la tecla **G** para ir al final de la página del manual electrónico:

```
       AUTOR
       Escrito por Jim Meyering y Paul Eggert.
NFORMAR DE ERRORES
       Ayuda       en        línea        de        GNU       Co-reutils:
       <https://www.gnu.org/software/coreutils/>
       Informe     cualquier     error      de      traducción       a
       <https://translationproject.org/team/es.html>

COPYRIGHT
       Copyright  ©  2022  Free Software Foundation, Inc. Licencia GPLv3+: GNU
       GPL versión 3 o posterior <https://gnu.org/licenses/gpl.html>.
       Esto es software libre: usted es libre de cambiarlo  y  redistribuirlo.
       NO HAY GARANTÍA, en la medida permitida por la legislación.

VÉASE TAMBIÉN
       sleep(3)

       Ayuda en línea: <https://www.gnu.org/software/coreutils/sleep>
       también  disponible  localmente  ejecutando:  info  '(coreutils)  sleep
       invocation'

TRADUCCIÓN
       La traducción al español de esta página del manual fue creada por Pedro

       Pablo Fábrega <pfabrega@arrakis.es> y Marcos Fouces <mar-cos@debian.org>.

GNU coreutils 9.1        Septiembre de 2022                         SLEEP(1)
```

8. La secuencia de teclas que permiten suspender un proceso en primer plano es [Ctrl]-Z.

```
[5]+  Stopped                    man sleep
[tux]$
```

9.

```
[tux]$ jobs
jobs
[1]   Running                   sleep 1111 &
[2]   Running                   sleep 2222 &
[3]   Running                   sleep 3333 &
[4]-  Running                   sleep 4444 &
[5]+  Stopped                   man sleep
[tux]$ kill %1
[tux]$ jobs
[1]   Completado                sleep 1111
[2]   Running                   sleep 2222 &
[3]   Running                   sleep 3333 &
[4]-  Running                   sleep 4444 &
[5]+  Stopped                   man sleep
[tux]$ jobs
[2]   Running                   sleep 2222 &
[3]   Running                   sleep 3333 &
[4]-  Running                   sleep 4444 &
[5]+  Stopped                   man sleep
```

10.

```
[tux]$ ps -f
UID      PID  PPID  C STIME TTY          TIME CMD
tux     2707  2706  0 07:07 pts/1  00:00:00 -bash
tux     2786  2707  0 07:13 pts/1  00:00:00 sleep 2222
tux     2788  2707  0 07:13 pts/1  00:00:00 sleep 3333
tux     2804  2707  0 07:15 pts/1  00:00:00 sleep 4444
tux     2920  2707  0 07:24 pts/1  00:00:00 man sleep
tux     2923  2920  0 07:24 pts/1  00:00:00 sh -c (cd /usr/share/man/es && (
tux     2924  2923  0 07:24 pts/1  00:00:00 sh -c (cd /usr/share/man/es && (
tux     2933  2924  0 07:24 pts/1  00:00:00 /usr/bin/less -is
tux     2990  2707  0 07:29 pts/1  00:00:00 ps -f
[tux]$ kill 2786
[tux]$ ps -f
UID      PID  PPID  C STIME TTY          TIME CMD
tux     2707  2706  0 07:07 pts/1  00:00:00 -bash
tux     2788  2707  0 07:13 pts/1  00:00:00 sleep 3333
tux     2804  2707  0 07:15 pts/1  00:00:00 sleep 4444
tux     2920  2707  0 07:24 pts/1  00:00:00 man sleep
tux     2923  2920  0 07:24 pts/1  00:00:00 sh -c (cd /usr/share/man/es && (
tux     2924  2923  0 07:24 pts/1  00:00:00 sh -c (cd /usr/share/man/es && (
tux     2933  2924  0 07:24 pts/1  00:00:00 /usr/bin/less -is
tux     2993  2707  0 07:29 pts/1  00:00:00 ps -f
[2]           Completado      sleep 2222
```

11.

```
[tux]$ jobs
[3]   Running                 sleep 3333 &
[4]-  Running                 sleep 4444 &
[5]+  Stopped                 man sleep
[tux]$ fg %3
sleep 3333

[tux]$
```

12.

```
[tux]$ jobs
[4]-  Running                 sleep 4444 &
[5]+  Stopped                 man sleep
[tux]$ fg %5
```

Esto retorna:

```
AUTOR
       Escrito por Jim Meyering y Paul Eggert.

INFORMAR DE ERRORES
       Ayuda        en         línea        de        GNU        Co-reutils:
       <https://www.gnu.org/software/coreutils/>
       Informe       cualquier       error       de        traducción        a
       <https://translationproject.org/team/es.html>

COPYRIGHT
       Copyright  ©  2022  Free Software Foundation, Inc. Licencia GPLv3+: GNU
       GPL versión 3 o posterior <https://gnu.org/licenses/gpl.html>.
       Esto es software libre: usted es libre de cambiarlo  y  redistribuirlo.
       NO HAY GARANTÍA, en la medida permitida por la legislación.

VÉASE TAMBIÉN
       sleep(3)

       Ayuda en línea: <https://www.gnu.org/software/coreutils/sleep>
       también  disponible  localmente  ejecutando:  info  '(coreutils)  sleep
       invocation'

TRADUCCIÓN
       La traducción al español de esta página del manual fue creada por Pedro
       Pablo Fábrega <pfabrega@arrakis.es> y Marcos Fouces <mar-cos@debian.org>.

GNU coreutils 9.1        Septiembre de 2022                        SLEEP(1)
```

El proceso no ha sido detenido sino solamente suspendido, se encuentra en la misma página del manual electrónico.

13. La tecla que permite salir del manual electrónico es **q**.

Solución 6.5 Para ir más lejos

1. Por ejemplo, con la herramienta gráfica **gnome-system-monitor**:

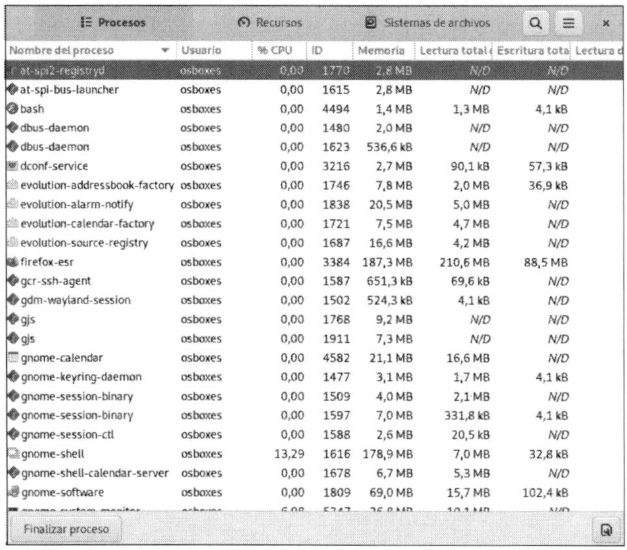

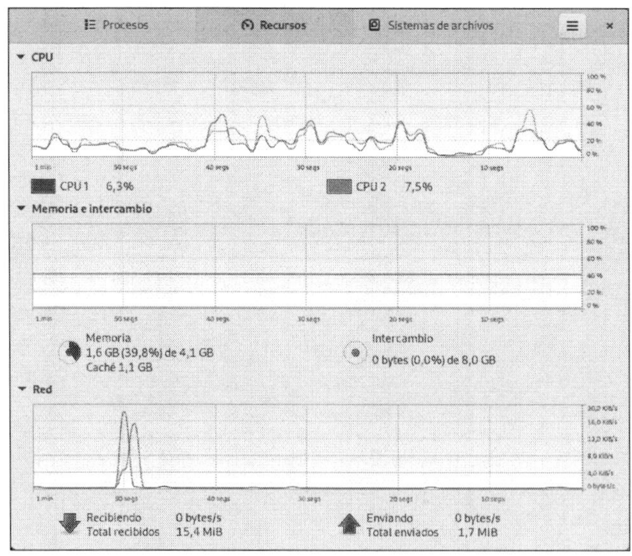

Capítulo 7
Shell Bash

Requisitos previos

1. El shell también se denomina "intérprete de comandos" porque:
   - Es el encargado de traducir al sistema las instrucciones enviadas por el usuario a través de la línea de comandos y quien presenta la información devuelta a la pantalla.
   - A diferencia de un compilador utilizado en programación (que construye un archivo binario comprensible por el kernel de Linux a partir de un conjunto de instrucciones contenidas en el código fuente), el shell interpreta y ejecuta cada comando a medida que el usuario lo introduce.
2. Los metacaracteres reagrupan los caracteres separadores en la línea de comandos: **<**, **>**, **|**, **( )**, **;**, **&**, el espacio, el retorno de línea y la tabulación.
3. Los caracteres genéricos que permiten la creación de patrones de sustitución en los nombres de archivos: *****, **?** y **[]**.
4. Los caracteres utilizados en las sustituciones de variables y de comandos son: **$**, **`** y **{}**.
5. Los caracteres de escape son: ****, **"** y **'**.
6. Los tres descriptores de archivos asociados por defecto a un proceso son:
   - el teclado como entrada estándar (descriptor número 0) para que el usuario pueda introducir los datos y parámetros;
   - el terminal como salida estándar (descriptor de archivo 1) para visualizar los resultados del comando;
   - el terminal como error estándar para que el usuario sea informado que se ha producido un error de tratamiento.

Solución 7.1 Variables

1. Pulse las teclas [Ctrl]-[Alt]-[F3], después:

```
localhost login: tux
Password: <la contraseña no aparece>
[tux]$
```

2.

```
[tux]$ set
BASH=/bin/bash
BASH_ARGC=()
BASH_ARGV=()
BASH_LINENO=()
BASH_SOURCE=()
...
```

3.

```
[tux]$ var1=abc
[tux]$ set
BASH=/bin/bash
BASH_ARGC=()
BASH_ARGV=()
BASH_LINENO=()
BASH_SOURCE=()
...
var1=abc
```

4.

```
[tux]$ echo $var1
abc
```

5.

```
[tux]$ echo $var2
```

La llamada de un nombre de variable no definido no genera ningún error; el shell se limita a reemplazarlo por una cadena vacía.

6.

```
[tux]$ echo $HOME
/home/tux
```

La variable **HOME** contiene la ruta completa del directorio personal del usuario actualmente conectado.

7.

```
[tux]$ HOME=/tmp
[tux]$ pwd
/home/tux
[tux]$ cd
[tux]$ pwd
/tmp
```

8.

```
[tux]$ LANG=C
[tux]$ man bash
```

Esto visualiza:

```
BASH(1)                                                          BASH(1)

NAME
     bash - GNU Bourne-Again SHell

SYNOPSIS
     bash [options] [file]

COPYRIGHT
     Bash is Copyright (C) 1989-2022 by the Free Software Foundation,Inc.

DESCRIPTION
     Bash is an sh-compatible command language interpreter that executes
     commands read from the estándar input or from a file. Bash also in
     corporates useful features from the Korn and C shells (ksh and csh).

     Bash is intended to be a conformant implementation of the IEEE POSIX
     Shell and Tools specification (IEEE Working Group 1003.2).

OPTIONS
     In addition to the single-character shell options documented in the
     description of the set builtin command, bash interprets the following
     options when it is invoked:
:
```

Es el idioma C ANSI internacional (inglés) el que se utilizará de ahora en adelante.

9. La secuencia de teclas que permiten buscar la cadena de caracteres "PROMPTING" es: **/PROMPTING**, luego [Intro]; esto da:

```
PROMPTING
       When executing interactively, bash displays the primary prompt
       PS1 when it is ready to read a command, and the secondary prompt
       PS2 when it needs more input to complete a command. Bash allows
       these prompt strings to be customized by inserting a number of
       backslash-escaped special characters that are decoded as follows:
            \a   an ASCII bell character (07)
            \d   the date in "Weekday Month Date" format (e.g., "Tue May
                 26")
            \D{format}
                 the format is passed to strftime(3) and the result is
                 inserted into the prompt string; an empty format results
                 in a locale-specific time representation. The braces are
                 required
            \e   an ASCII escape character (033)
            \h   the hostname up to the first '.'
            \H   the hostname
            \j   the number of jobs currently managed by the shell
            \l   the basename of the shell's terminal device name
            \n   newline
            \r   carriage return
            \s   the name of the shell, the basename of $0 (the portion
                 following the final slash)
:
```

Una vez fuera de la página del manual con la tecla **q**:

```
[tux]$ PS1='[\d - \H]$ '
[Mon Jul 08 - localhost.localdomain]$
```

10.

```
[Sun Jun 19 - localhost.localdomain]$ exit
```

Luego:

```
localhost login: tux
Password: <la contraseña no aparece>
[tux]$ set
BASH=/bin/bash
BASH_ARGC=()
BASH_ARGV=()
BASH_LINENO=()
BASH_SOURCE=()
...
[tux]$ echo $var1

[tux]$ echo $HOME
/home/tux
[tux]$ echo $LANG
es_ES UTF-8
[tux]$ echo $PS1
[tux]$
```

11.

```
[tux]$ var3=Bond
[tux]$ echo $var3
Bond
```

12.

```
[tux]$ echo $var3, James $var3.
Bond, James Bond.
```

13.

```
[tux]$ echo ${var3}ir
Bondir
```

14.

```
[tux]$ var4=lu
[tux]$ var5=nes
[tux]$ var6=$var4$var5
[tux]$ echo $var6
lunes
```

15.

```
[tux]$ set
BASH=/bin/bash
BASH_ARGC=()
BASH_ARGV=()
BASH_LINENO=()
BASH_SOURCE=()
...
var3=Bond
var4=lu
var5=nes
var6=lunes
[tux]$ unset var4 var5 var6
[tux]$ set
BASH=/bin/bash
BASH_ARGC=()
BASH_ARGV=()
BASH_LINENO=()
BASH_SOURCE=()
...
var3=Bond
```

16.

```
[tux]$ echo $var3
Bond
[tux]$ bash
[tux]$ echo $var3

[tux]$ exit
exit
[tux]$ echo $var3
Bond
```

17.

```
[tux]$ export var3
[tux]$ echo $var3
Bond
[tux]$ bash
[tux]$ echo $var3
Bond
[tux]$ exit
exit
[tux]$ echo $var3
Bond
```

Solución 7.2 Caracteres genéricos, caracteres de expansión

1.

```
[tux]$ cd /etc
[tux]$ pwd
/etc
```

2.

```
[tux]$ ls r*
rc         rc.sysinit      resolv.conf                rmt         rndc.key
rc.local   redhat-release  resolv.conf.predhclient    rndc.conf   rpc

racoon:
certs  psk.txt  racoon.conf

rc0.d:
K01yum                   K24irda         K72autofs     K89rdisc
K02cups-config-daemon    K25sshd         K73ypbind     K90bluetooth
K02haldaemon             K30sendmail     K74apmd       K90network
...
```

El patrón **r*** corresponde a todos los nombres de archivos que comiencen por la letra "r", algunos de los cuales son nombres de directorios. El comando **ls** visualiza el contenido de estos directorios.

3.

```
[tux]$ ls -d r*
racoon  rc2.d  rc6.d       redhat-lsb                rhgb       rpc
rc      rc3.d  rc.d        redhat-release            rmt        rpm
rc0.d   rc4.d  rc.local    resolv.conf               rndc.conf
rc1.d   rc5.d  rc.sysinit  resolv.conf.predhclient   rndc.key
```

4.

```
[tux]$ ls -d *rc*
bashrc     inputrc  Muttrc.local  rc0.d  rc3.d  rc6.d     rc.sysinit wgetrc
csh.cshrc  mail.rc  pinforc       rc1.d  rc4.d  rc.d      slrn.rc
imrc       Muttrc   rc            rc2.d  rc5.d  rc.local  vimrc
```

5.

```
[tux]$ ls -d ???
gtk hal lvm ntp opt pki ppp rmt rpc rpm ssh X11 xdg xml yum
```

6.

```
[tux]$ ls -d rc?.d
rc0.d  rc1.d  rc2.d  rc3.d  rc4.d  rc5.d  rc6.d
```

7.

```
[tux]$ ls -d rc[234].d
rc2.d  rc3.d  rc4.d
```

8.

```
[tux]$ ls -d [!abc]*
dbus-1               ldap.conf          rc0.d
default              ld.so.cache        rc1.d
dev.d                ld.so.conf         rc2.d
DIR_COLORS           ld.so.conf.d       rc3.d
DIR_COLORS.xterm     lftp.conf          rc4.d
dumpdates            libuser.conf       rc5.d
enscript.cfg         localtime          rc6.d
environment          log.d              rc.d
esd.conf             login.defs         rc.loca
...
```

9.

```
[tux]$ ls -d [[:upper:]]*
DIR_COLORS  DIR_COLORS.xterm  Muttrc  Muttrc.local  X11
```

10.

```
[tux]$ ls -d *{conf,config}
asound.conf         jwhois.conf       named.conf            scsi_id.config
auditd.conf         krb5.conf         nscd.conf             sestatus.conf
cdrecord.conf       krb.conf          nsswitch.conf         sysconfig
cpuspeed.conf       ldap.conf         ntp.conf              sysctl.conf
esd.conf            ld.so.conf        pam_smb.conf          syslog.conf
gconf               lftp.conf         pbm2ppa.conf          updatedb.conf
gpm-root.conf       libuser.conf      pnm2ppa.conf          warnquota.conf
grub.conf           logrotate.conf    prelink.conf          wvdial.conf
gssapi_mech.conf    ltrace.conf       pwdb.conf             yp.conf
host.conf           man.config        resolv.conf           yum.conf
idmapd.conf         modprobe.conf     rndc.conf
initlog.conf        mtools.conf       scrollkeeper.conf
```

11.

```
[tux]$ ls -d [[:lower:]]*a?{.conf,.config}
ldap.conf  man.config  wvdial.conf
```

Solución 7.3 Caracteres de escape

1.

```
[tux]$ echo a b
a b
[tux]$ echo a   b
a b
[tux]$ echo "a   b"
a   b
[tux]$ echo 'a   b'
a   b
[tux]$ echo a\ \ \ b
a   b
```

Los argumentos del comando **echo** (que pueden estar separados por varios espacios) se visualizan por la salida, separados por un solo espacio.

En el caso de los dos primeros comandos (sin los caracteres de escape ", ' y \), los espacios actúan como separadores de argumentos; hay por tanto dos argumentos.
Para los tres últimos comandos, la función de separador de argumentos de caracteres espaciadores está desactivada por los caracteres de escape; hay por tanto un solo argumento.

2.

```
[tux]$ cd /
[tux]$ echo *
bin boot dev etc home initrd lib lost+found media
misc mnt net opt proc root sbin selinux srv sys tmp usr var
```

El comando visualiza todos los nombres de archivos presentes en el directorio actual, ya que el carácter genérico * se interpreta por el shell (patrón que representa todos los nombres de archivos del directorio actual), después los argumentos generados de este modo se visualizan con el comando **echo** (cada argumento del comando **echo** está separado en la salida por un espacio).

3. Hay varias maneras de visualizar la cadena de caracteres "el carácter * es un carácter genérico", según los caracteres de escape empleados :

```
[tux]$ echo "el carácter * es un carácter genérico"
el carácter * es un carácter genérico
[tux]$ echo 'el carácter * es un carácter genérico'
el carácter * es un carácter genérico
[tux]$ echo el carácter \* es un carácter genérico
el carácter * es un carácter genérico
```

4.

```
[tux]$ echo 'la variable referenciada por $var3'
la variable referenciada por $var3
[tux]$ echo la variable referenciada por \$var3
la variable referenciada por $var3
```

Las comillas no pueden emplearse aquí debido a que no desactivan los caracteres especiales **$**, ` y **/**.

Solución 7.4 Redirecciones y tuberías

1.

```
[tux]$ cat
aquí
aquí
algunas
algunas
palabras
palabras
```

La secuencia de teclas [Ctrl]-D permiten terminar un comando utilizando el teclado como entrada estándar.

El comando **cat** retorna las líneas introducidas por la entrada (sin redirección, la entrada estándar es el teclado) por su salida (sin redirección, la salida estándar es la pantalla).

2.

```
[tux]$ wc
aquí algunas
palabras
      2       3      20
```

De nuevo, la secuencia de teclas [Ctrl]-D permiten terminar el comando normalmente ; la secuencia de teclas [Ctrl]-C que permiten parar la ejecución de un proceso no produce el mismo efecto (anulación del comando, pues no hay estadísticas en el resultado).

El comando **wc** produce estadísticas sobre los datos recibidos por la entrada (sin redirección, la entrada estándar es el teclado).

3.

```
[tux]$ cat /etc/hosts
# Do not remove the following line, or various programs
# that require network functionality will fail.
127.0.0.1               localhost.localdomain localhost
[tux]$ cat  /etc/hosts
# Do not remove the following line, or various programs
# that require network functionality will fail.
127.0.0.1               localhost.localdomain localhost
```

4.

```
[tux]$ wc -l /etc/passwd
45 /etc/passwd
[tux]$ wc -l < /etc/passwd
45
```

En el segundo caso, el nombre de archivo no se pasa por argumento del comando **wc** (es una redirección). El comando no conoce por tanto el archivo, no se limita más que a tratar los datos recibidos por su entrada; por consecuencia, el nombre del archivo */etc/passwd* no se visualiza.

5.

```
[tux]$ cat > /tmp/ficcat
aquí algunas
palabras
[tux]$ cat /tmp/ficcat
aquí algunas
palabras
```

6.

```
[tux]$ cat < /tmp/ficcat > /tmp/ficcat2
[tux]$ cat /tmp/ficcat2
aquí algunas
palabras
```

7.

```
[tux]$ cat >> /tmp/ficcat
aún algunas
palabras suplementarias
[tux]$ cat /tmp/ficcat
aquí algunas
palabras
aún algunas
palabras suplementarias
```

8.

```
[tux]$ cat /tmp/ficcat /etc/hosts > /tmp/ficcat3
[tux]$ cat /tmp/ficcat3
aquí algunas
palabras
aún algunas
palabras suplementarias
# Do not remove the following line, or various programs
# that require network functionality will fail.
127.0.0.1               localhost.localdomain localhost
```

9.

```
[tux]$ cd /etc
[tux]$ ls > /tmp/ls.out
[tux]$ cat /tmp/ls.out
a2ps.cfg
a2ps-site.cfg
acpi
adjtime
alchemist
...
```

El archivo generado contiene el nombre de cada archivo presente en el directorio `/etc` en una línea distinta.

10.

```
[tux]$ wc -l < /tmp/ls.out
220
```

11. El nombre de los archivos presentes en el directorio `/etc` es el resultado del comando anterior; siendo 220 en el ejemplo.

```
[tux]$ rm /tmp/ls.out
```

12.

```
[tux]$ ls /etc | wc -l
220
```

13.

```
[tux]$ ls /etc | tee /tmp/ls.out | wc -l
220
[tux]$ cat /tmp/ls.out
a2ps.cfg
a2ps-site.cfg
acpi
adjtime
alchemist
...
```

14.

```
[tux]$ ls /etc/passwd glop
ls: glop: Ningún archivo o directorio de este tipo
/etc/passwd
```

15.

```
[tux]$ ls /etc/passwd glop > /tmp/ls.out 2> /tmp/ls.err
[tux]$ cat /tmp/ls.out
/etc/passwd
[tux]$ cat /tmp/ls.err
ls: glop: Ningún archivo o directorio de este tipo
```

16.

```
[tux]$ ls /etc/passwd glop > /tmp/ls.out 2> /dev/null
[tux]$ cat /tmp/ls.out
/etc/passwd
```

17.

```
[tux]$ ls /etc/passwd glop > /tmp/ls.out 2>&1
[tux]$ cat /tmp/ls.out
ls: glop: Ningún archivo o directorio de este tipo
/etc/passwd
```

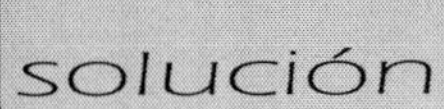

Solución 7.5 Alias

1.

```
[tux]$ alias
alias l.='ls -d .* --color=tty'
alias ll='ls -l --color=tty'
alias ls='ls --color=tty'
alias vi='vim'
alias which='alias | /usr/bin/which --tty-only --read-alias --show-dot
--show-tilde'
```

2.

```
[tux]$ alias ls='ls -color=tty'
```

3. El significado de los colores de la visualización se describe en las páginas del Manuel del comando **`ls`** y en el archivo de configuración *`/etc/DIR_COLORS`*.

4.

```
[tux]$ \ls
...
```

o:

```
[tux]$ command ls
...
```

5.

```
[tux]$ alias cd..='cd ..'
[tux]$ cd /usr/lib
[tux]$ pwd
/usr/lib
[tux]$ cd..
[tux]$ pwd
/usr
```

6.

```
[tux]$ alias
alias cd..='cd ..'
alias l.='ls -d .* --color=tty'
alias ll='ls -l --color=tty'
alias ls='ls --color=tty'
alias vi='vim'
alias which='alias | /usr/bin/which --tty-only --read-alias
--show-dot --show-tilde'
[tux]$ unalias cd..
[tux]$ alias
alias l.='ls -d .* --color=tty'
alias ll='ls -l --color=tty'
alias ls='ls --color=tty'
alias vi='vim'
alias which='alias | /usr/bin/which --tty-only --read-alias
--show-dot --show-tilde'
[tux]$ cd..
-bash: cd..: command not found
```

Solución 7.6 Ejecución y sustitución de comandos

1.

```
[tux]$ type cd vi find
cd is a shell builtin
vi is aliased to `vim'
find is /usr/bin/find
```

En este ejemplo, el comando **cd** es un comando interno del shell Bash, **vi** es un alias del comando **vim**, y **find** es un comando externo del shell cuya ruta absoluta es */usr/bin/find*.

2.

```
[tux]$ whereis grep ls fdisk
grep: /bin/grep /usr/share/man/man1p/grep.1p.gz /usr/share/man/man1/grep.1.gz
ls: /bin/ls /usr/share/man/man1p/ls.1p.gz /usr/share/man/man1/ls.1.gz
fdisk: /sbin/fdisk /usr/share/man/man8/fdisk.8.gz
```

3.

```
[tux]$ ps -e --no-heading | wc -l
64
```

4.

```
[tux]$ echo "hay actualmente $(ps -e --no-heading | wc -l) procesos"
hay actualmente 65 procesos
[tux]$ echo "hay actualmente `ps -e --no-heading | wc -l` procesos"
hay actualmente 65 procesos
```

5.

```
[tux]$ alias nbps='echo "hay actualmente $(ps -e --no-heading | wc -l) procesos"'
[tux]$ nbps
hay actualmente 65 procesos
```

Solución 7.7 Opciones del shell Bash

1.

```
[tux]$ set -o
allexport       off
braceexpand     on
emacs           on
errexit         off
errtrace        off
functrace       off
hashall         on
histexpand      on
history         on
ignoreeof       off
interactive-comments    on
keyword         off
monitor         on
noclobber       off
noexec          off
noglob          off
nolog           off
notify          off
nounset         off
onecmd          off
physical        off
pipefail        off
posix           off
privileged      off
verbose         off
vi              off
xtrace          off
```

2.

```
[tux]$ PS4="DEPURAR>> "
```

3.

```
[tux]$ set -o xtrace
```

O:

```
[tux]$ set -x
```

4.

```
[tux]$ cd /etc ; ls -d X*
DEPURAR>> cd /etc
DEPURAR>> ls --color=tty -d X11
X11
```

La opción **xtrace** visualiza la interpretación shell (alias, caracteres genéricos...) de cada comando utilizando el prompt definido en la variable **PS4**.

5.

```
[tux]$ set +o xtrace
```

O:

```
[tux]$ set +x
```

Capítulo 8

Programación y scripts Bash

Requisitos previos

1. El primer punto ejecuta el script *.bashrc* en el shell llamado (shell actual). El segundo punto indica el directorio actual en el que se encuentra actualmente el usuario (ruta relativa). Finalmente, el tercer punto es la primera posición del nombre del archivo, es quien indica que este archivo está oculto.
2. a. **Falso**. Esta sintaxis proviene del lenguaje C.
   b. **Falso**. Como la sintaxis anterior, está se utiliza en el lenguaje C.
   c. **Verdadero**. Todo lo que se encuentra tras el carácter **#** en la línea de comandos se ignora por el Bash salvo por supuesto, si está protegido por un carácter de escape.
   d. **Falso**. Esta sintaxis procede del lenguaje HTML.
3. a. **Verdadero**. El valor del código de retorno de un comando que termina correctamente es cero.
   b. **Falso**. Todo código de retorno con un valor diferente de cero significa que el comando ha devuelto un error.
   c. **Falso**. Como se ha dicho anteriormente, el valor diferente de cero indica que el comando no ha terminado correctamente.
   d. **Falso**. El código de retorno de un comando tiene un valor comprendido entre cero y 255.
4. a. **Verdadero**.
   b. **Falso**. **`-eq`** no es un operador de la sintaxis **`(())`**.
   c. **Verdadero**. El comando **`test`** y la sintaxis **`[]`** son equivalentes.
   d. **Falso**. El operador **=** comprueba la igualdad de las cadenas de caracteres con el comando **`test`** o **`[]`**.
   e. **Falso**. El operador = asigna un valor a una variable con el comando **`(())`**.
   f. **Falso**. Ídem que la respuesta d.
   g. **Falso**. Ídem que la respuesta d.
   h. **Verdadero**.

Solución 8.1 Llamada y ejecución de scripts de shell

1. Pulse las teclas [Ctrl]-[Alt]-[F3], después:

```
localhost login: tux
Password: <la contraseña no aparece>
[tux]$
```

2.

```
[tux]$ cd
[tux]$ mkdir bin
[tux]$ cd bin
[tux]$ pwd
/home/tux/bin
```

3.

```
[tux]$ cat 01llamada
var="abc"
echo "la variable \$var tiene por valor: $var"
sleep 3
```

4.

```
[tux]$ bash 01llamada
la variable $var tiene por valor: abc
[tux]$ echo $var

[tux]$
```

La variable **`var`** no está definida en el contexto actual ya que el script *`01llamada`* está ejecutado en un shell hijo.

5.

```
[tux]$ 01llamada
-bash: 01llamada: command not found
[tux]$ echo $PATH
/usr/kerberos/bin:/usr/local/bin:/bin:/usr/bin:/usr/X11R6/bin
[tux]$ ./01llamada
-bash: ./01llamada: Permiso no concedido
```

Para que el script de shell pueda ser invocado de esta manera, es necesario especificar su ruta si no se encuentra presente en uno de los directorios listados por la variable contextual **`PATH`**, y modificar sus permisos para hacerlo ejecutable.

6.

```
[tux]$ chmod u+x 01llamada
[tux]$ PATH=$PATH:/home/tux/bin
[tux]$ echo $PATH
/usr/kerberos/bin:/usr/local/bin:/bin:/usr/bin:/usr/X11R6/bin:/home/tux/bin
```

7.

```
[tux]$ 01llamada
la variable $var tiene por valor: abc
[tux]$ echo $var

[tux]$
```

Como se ha visto anteriormente, la variable **var** no está definida en el contexto actual ya que el script *01llamada* está ejecutado en un shell hijo.

8. El shell llamado implícitamente para ejecutar el script es el shell por defecto del usuario, siendo el Bash en Linux.
Tras la modificación para imponer el shell Bash como intérprete, esto da:

```
[tux]$ cat 01llamada
#!/bin/bash
var="abc"
echo "la variable \$var tiene por valor: $var"
sleep 3
```

9.

```
[tux]$ . 01llamada
la variable $var tiene por valor: abc
[tux]$ echo $var
abc
[tux]$
```

Este vez, el script *01llamada* ha sido interpretado por el shell actual, como si los comandos que contiene hubiesen sido introducidos por el teclado. La variable **var** está por tanto definida y contiene la cadena de caracteres "abc".

10.

```
[tux]$ exec 01llamada
la variable $var tiene por valor: abc
```

Al final del script *01llamada*, el shell llamado, que ha estado reemplazado por el script, se termina.

Solución 8.2 Código de retorno

1. Pulse las teclas [Ctrl]-[Alt]-[F3], después:

```
localhost login: tux
Password: <la contraseña no aparece>
[tux]$
```

2.

```
[tux]$ ls /etc/passwd
/etc/passwd
[tux]$ echo $?
0
```

Nota

Un código de retorno igual a cero indica que el comando ha terminado correctamente.

3.

```
[tux]$ ls glop
ls: glop: Ningún archivo o directorio de este tipo
[tux]$ echo $?
1
```

Nota

Un código de retorno diferente de cero indica que el comando ha devuelto un error.

4.

```
[tux]$ echo $?
0
```

Este código de retorno corresponde al comando **echo** anterior e indica que se ejecutó de manera correcta.

5. Tras la modificación del script, este da:

```
[tux]$ cd bin
[tux]$ pwd
/home/tux/bin
[tux]$ cat 01llamada
#!/bin/bash
var="abc"
echo "la variable \$var tiene por valor: $var"
sleep 3
exit 2
[tux]$ 01llamada
la variable $var tiene por valor: abc
[tux]$ echo $?
2
```

Solución 8.3 Encadenamiento de comandos

1.

```
[tux]$ date; ls
lun 14 abr 2025 04:10:02 EDT
01llamada
```

Nota

El encadenamiento de comandos con el carácter `;` es incondicional; es decir que el comando **`ls`** se ejecuta sea cual sea el código de retorno del comando **`date`**.

2.

```
[tux]$ ls /etc/hosts >/dev/null 2>&1 && cat /etc/hosts
# Do not remove the following line, or various programs
# that require network functionality will fail.
127.0.0.1               localhost.localdomain localhost
```

3.

```
[tux]$ ls /tmp/glop >/dev/null 2>&1 || touch /tmp/glop
[tux]$ ls /tmp/glop
/tmp/glop
```

Solución 8.4 Variables especiales

1. Tras la creación del archivo *02varspec*, este da:

```
[tux]$ cat 02varspec
#!/bin/bash
echo "mi nombre es               : $0"
echo "mi PID es                  : $$"
echo "el PID de mi padre es      : PPID"
[tux]$ chmod u+x 02varspec
```

2.

```
[tux]$ echo $$
2885
[tux]$ bash 02varspec
mi nombre es            : 02varspec
mi PID es               : 4386
el PID de mi padre es   : 2885
[tux]$ 02varspec
mi nombre es            : /home/tux/bin/02varspec
mi PID es               : 4388
el PID de mi padre es   : 2885
[tux]$ . 02varspec
mi nombre es            : -bash
mi PID es               : 2885
el PID de mi padre es   : 2884
```

Se constata que en la tercera llamada con el comando . (punto), el script de shell *02varspec* está interpretado por el shell actual.

3.

```
[tux]$ cp 02varspec 03param
[tux]$ chmod u+x 03param
[tux]$ vi 03param
#!/bin/bash
echo "mi nombre es               : $0"
echo "mi PID es                  : $$"
echo "el PID de mi padre es      : PPID"
echo "número de parámetros       : $#"
echo "parám. posicionales        : \$1=$1 \$2=$2 \$3=$3"
```

4.

```
[tux]$ 03param a b c d
mi nombre es            : /home/tux/bin/03param
mi PID es               : 4666
el PID de mi padre es   : 2885
número de parámetros    : 4
parám. posicionales     : $1=a $2=b $3=c
[tux]$ 03param "a b" c d
mi nombre es            : /home/tux/bin/03param
mi PID es               : 4668
el PID de mi padre es   : 2885
número de parámetros    : 3
parám. posicionales     : $1=a b $2=c $3=d
[tux]$ 03param a b c\ d
mi nombre es            : /home/tux/bin/03param
mi PID es               : 4670
el PID de mi padre es   : 2885
número de parámetros    : 3
parám. posicionales     : $1=a $2=b $3=c d
[tux]$ 03param a 'b c' d
mi nombre es            : /home/tux/bin/03param
mi PID es               : 4672
el PID de mi padre es   : 2885
número de parámetros    : 3
parám. posicionales     : $1=a $2=b c $3=d
```

5. Tras la modificación del script *03param*, este da:

```
[tux]$ cat 03param
#!/bin/bash
echo "mi nombre es              : $0"
echo "mi PID es                 : $$"
echo "el PID de mi padre es     : PPID"
echo "número de parámetros      : $#"
echo "parám. posicionales       : \$1=$1 \$2=$2 \$3=$3"
echo "desfase de los parámetros posicionales"; shift 2
echo "parám. posicionales       : \$1=$1 \$2=$2 \$3=$3"
[tux]$ 03param a b c d
mi nombre es                : /home/tux/bin/03param
mi PID es                   : 4751
el PID de mi padre es       : 2885
número de parámetros        : 4
parám. posicionales         : $1=a $2=b $3=c
desfase de los parámetros posicionales
parám. posicionales         : $1=c $2=d $3=
```

6. Tras la modificación del script *03param*, este da:

```
[tux]$ cat 03param
#!/bin/bash
echo "mi nombre es              : $0"
echo "mi PID es                 : $$"
echo "el PID de mi padre es     : PPID"
echo "número de parámetros      : $#"
echo "todos los parámetros      : $*"
echo "parám. posicionales       : \$1=$1 \$2=$2 \$3=$3 \${11}=${11}"
echo "desfase de los parámetros posicionales" ; shift 2
echo "todos los parámetros      : $@"
echo "parám. posicionales       : \$1=$1 \$2=$2 \$3=$3 \${11}=${11}"
[tux]$ 03param a b c d e f g h i j k l m o
mi nombre es              : /home/tux/bin/03param
mi PID es                 : 4812
el PID de mi padre es     : 2885
número de parámetros      : 14
todos los parámetros      : a b c d e f g h i j k l m o
parám. posicionales       : $1=a $2=b $3=c ${11}=k
desfase de los parámetros posicionales
todos los parámetros      : c d e f g h i j k l m o
parám. posicionales       : $1=c $2=d $3=e ${11}=m
```

Solución 8.5 Test de archivos

1. Tras la creación del archivo *04archivo*, este da:

```
[tux]$ cat 04archivo
#!/bin/bash
# salga si el nombre pasado como primer parámetro posicional no es un archivo
[ -e "$1" ] || exit 1
# tipo de archivo
[ -f "$1" ] && echo "$1 es un archivo estándar" \
            || echo "$1 no es un archivo estándar"
[ -d "$1" ] && echo "$1 es un directorio" \
            || echo "$1 no es un directorio"
# permisos
[ -r "$1" ] && echo "permiso de lectura activado"
[ -w "$1" ] && echo "permiso de escritura activado"
[ -x "$1" ] && echo "permiso de ejecución activado
# contenido
[ -s "$1" ] && echo "$1 contiene datos" \
            || echo "$1 no contiene datos"
```

2.

```
[tux]$ chmod u+x 04archivo
[tux]$ 04archivo /glop
[tux]$ echo $?
1
[tux]$ 04archivo /etc/hosts
/etc/hosts es un archivo estándar
/etc/hosts no es un directorio
permiso de lectura activado
/etc/hosts contiene datos
[tux]$ 04archivo /bin/ls
/bin/ls es un archivo estándar
/bin/ls no es un directorio
permiso de lectura activado
permiso de ejecución activado
/bin/ls contiene datos
[tux]$ 04archivo /home
/home no es un archivo estándar
/home es un directorio
permiso de lectura activado
permiso de ejecución activado
/home contiene datos
```

Solución 8.6 Test de cadenas de caracteres

1. Tras la creación del archivo *05cadena*, esto da:

```
[tux]$ cat 05cadena
#!/bin/bash
# salga si uno de los dos argumentos es una cadena de caracteres nula
[ -z "$1" -o -z "$2" ] && exit 1
# igualdad
[ "$1" = "$2" ] && echo "la cadena '$1' es igual a '$2'" \
                || echo "la cadena '$1' es diferente de '$2'"
```

2.

```
[tux]$ chmod u+x 05cadena
[tux]$ 05cadena abc ""
[tux]$ echo $?
1
[tux]$ 05cadena "" abc
[tux]$ echo $?
1
[tux]$ 05cadena "" ""
[tux]$ echo $?
1
[tux]$ 05cadena abc abc
la cadena 'abc' es igual a 'abc'
[tux]$ 05cadena abc ABC
la cadena 'abc' es diferente de 'ABC'
[tux]$ 05cadena abc "abc "
la cadena 'abc' es diferente de 'abc '
```

Solución 8.7 Test y operaciones aritméticas

1. Tras la creación del archivo *06max*, esto da:

```
[tux]$ cat 06max
#!/bin/bash
# salga si el número de argumentos es diferente de 2
[ $# -ne 2 ] && exit 1
# búsqueda del número mayor
[ "$1" -ge "$2" ] && echo $1 || echo $2
```

2.

```
[tux]$ chmod u+x 06max
[tux]$ 06max 12
[tux]$ echo $?
1
[tux]$ 06max 12 34
34
[tux]$ 06max 12 6
12
[tux]$ 06max 12 12
12
[tux]$ 06max 12 " 34"
34
```

3. Tras la creación del archivo *07min*, esto da:

```
[tux]$ cat 07min
#!/bin/bash
# salga si el número de argumentos es diferente de 2
(( $# != 2 )) && exit 1
# búsqueda del número menor
(( "$1" <= "$2" )) && echo $1 || echo $2
```

4.

```
[tux]$ chmod u+x 07min
[tux]$ 07min 12
[tux]$ echo $?
1
[tux]$ 07min 12 34
12
[tux]$ 07min 12 6
6
[tux]$ 07min 12 12
12
[tux]$ 07min 12 " 34"
12
```

5. Tras la creación del archivo *08div*, esto da:

```
[tux]$ cat 08div
#!/bin/bash
# salga si el número de argumentos es diferente de 2
(( $# != 2 )) && exit 1
# salga si el segundo parámetro posicional es igual a 0
(( "$2" == 0 )) && exit 2
# visualización del resultado de la operación
echo $(( $1 / $2 ))
```

6.

```
[tux]8 chmod u+x 08div
[tux]$ 08div 12
[tux]$ echo $?
1
[tux]$ 08div 12 0
[tux]$ echo $?
2
[tux]$ 08div 12 2
6
[tux]$ 08div 12 5
2
[tux]$ 08div 12 14
0
```

Solución 8.8 Scripts interactivos

1. Tras la creación del archivo *09mult*, esto da:

```
[tux]$ cat 09mult
#!/bin/bash
# introduzca los nombres
echo "Entre el primer operando   :" ; read num1
echo "Entre el segundo operando  :" ; read num2
# visualización del resultado de la operación
echo $(( num1 * num2 ))
```

2.

```
[tux]$ chmod u+x 09mult
[tux]$ 09mult
Entre el primer operando   :
12
Entre el segundo operando  :
3
36
```

Solución 8.9 Para ir más lejos

1. Tras la creación del archivo *10compar*, esto da:

```
[tux]$ cat 10compar
#!/bin/bash
# salga si no hay argumento
(( $# == 0 )) && exit 1
# inicialización de las variables $min y $max
min=$1
max=$1
shift
# si hay argumentos
while (( $# > 1 ))
do
  max=$(06max $max $1)
  min=$(07min $min $1)
  # trate el argumento siguiente
  shift
done
# visualización de los resultados
echo "número min : $min"
echo "número max : $max"
```

2.

```
[tux]$ 10compar 1
número min : 1
número max : 1
[tux]$ 10compar 1 2
número min : 1
número max : 2
[tux]$ 10compar 1 2 3
número min : 1
número max : 3
[tux]$ 10compar 3 5 2 6 1 8 7
número min : 1
número max : 8
```

3. Por ejemplo, con la herramienta gráfica **Kdevelop**:

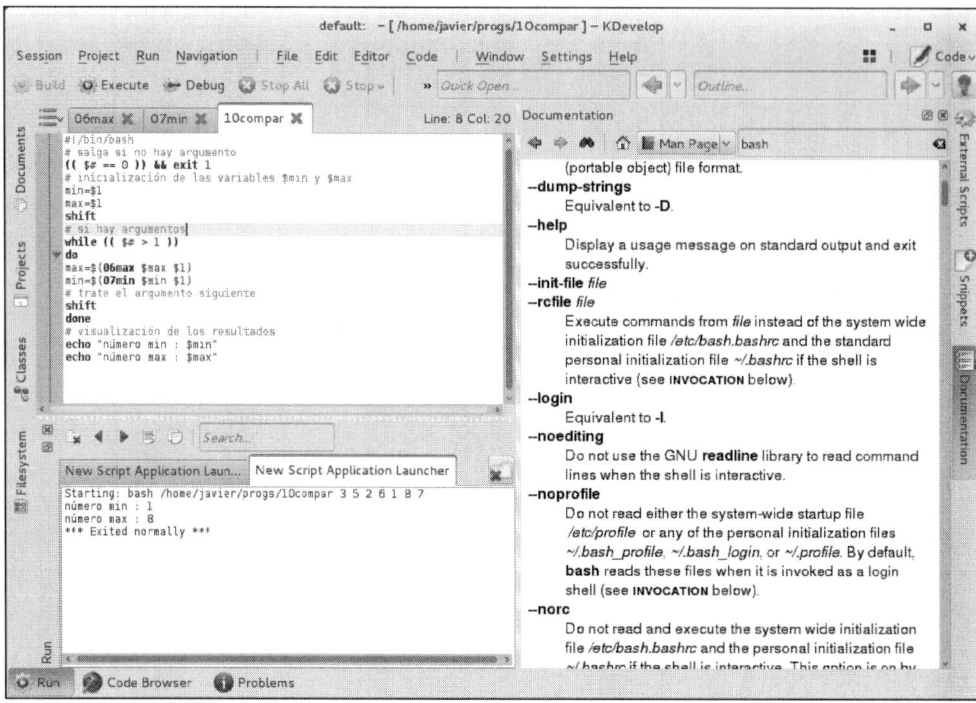

Capítulo 9

Gestión de la cuenta de usuario

Requisitos previos

1. Cada línea del archivo */etc/passwd* caracteriza una cuenta de usuario y los siete campos separados por **:** (dos puntos) son:
   - El login (o nombre de usuario: no puede ser modificado por el usuario.
   - La contraseña: no se encuentra en este archivo por razones de seguridad pero a pesar de eso puede ser modificada por el usuario con el comando **passwd**.
   - El UID: identificador de la cuenta de usuario, no puede ser modificado por el usuario.
   - El GID: identificador del grupo principal de la cuenta de usuario, no puede ser modificado por el usuario.
   - El nombre completo (o GECOS): este campo opcional puede ser modificado por el usuario con la ayuda del comando **chfn**.
   - El directorio personal: esta ruta es asignada por el administrador en el momento de la creación de la cuenta usuario y no puede ser modificada por el usuario.
   - El shell por defecto: es generalmente el Bash (*/bin/bash*) pero puede ser modificado por el usuario con el comando **chsh**.

2. a. **Verdadero**. El directorio personal de un usuario es generalmente un subdirectorio de */home* que lleva el nombre de la cuenta.

   b. **Falso**. Este directorio contiene los archivos de configuración del sistema; sólo **root** puede modificar los archivos que contiene este directorio.

   c. **Falso**. Este directorio contiene las aplicaciones, archivos de documentación y otras bibliotecas del conjunto de software instalado por el administrador.

   d. **Verdadero**. Es en este directorio donde se almacenan los buzones de correo de los usuarios, los trabajos de impresión, las tareas planificadas...

Solución 9.1 Modificación de los parámetros de la cuenta

1. Pulse las teclas [Ctrl]-[Alt]-[F3], después:

```
localhost login: tux
Password: <la contraseña no aparece>
[tux]$
```

2.

```
[tux]$ finger tux
Login: tux                              Name:
Directory: /home/tux                          Shell: /bin/sh
On since Mon Jul  8 18:50 (CEST) on tty2 from tty2
  6 hours 2 minutes idle
No mail.
No Plan.
```

3.

```
[tux]$ chfn
Contraseña:
Changing the user information for tux
Enter the new value, or press ENTER for the default
   Full Name []: Nicolas Pons
   Room Number []:
   Work Phone []:
   Home Phone []:
[tux]$ finger tux
Login: tux                              Name: Nicolas Pons
Directory: /home/tux                          Shell: /bin/sh
On since Mon Jul  8 18:50 (CEST) on tty2 from tty2
  6 hours 4 minutes idle
No mail.
No Plan.
```

4.

```
[tux]$ cat /etc/shells
/bin/sh
/bin/bash
/sbin/nologin
/bin/ksh
/bin/tcsh
/bin/csh
```

El archivo */etc/shells* contiene la lista de todos los shells validos en el sistema.

5.

```
[tux$ chsh
Contraseña:
Changing the login shell for tux
Enter the new value, or press ENTER for the default
   Login Shell [/bin/bash]:
```

6.

```
[tux]$ cd
[tux]$ pwd
/home/tux
[tux]$ vi .plan
Ausente por el momento, respondo a los ejercicios del capítulo 9.
```

7.

```
[tux]$ finger tux
Login: tux                              Name: Nicolas Pons
Directory: /home/tux                    Shell: /bin/bash
On since Mon Jul  8 18:50 (CEST) on tty2 from tty2
  6 hours 10 minutes idle
No mail.
Plan:
Ausente por el momento, respondo a los ejercicios del capítulo 9.
```

Solución 9.2 Modificación del entorno shell

1.

```
[tux]$ cat /etc/profile
# /etc/profile

# System wide environment and startup programs, for login setup
# Functions and aliases go in /etc/bashrc

pathmunge () {
        if ! echo $PATH | /bin/egrep -q "(^|:)$1($|:)" ; then
           if [ "$2" = "after" ] ; then
              PATH=$PATH:$1
           else
              PATH=$1:$PATH
           fi
        fi
}
...
```

El archivo */etc/profile* es un script shell que se ejecuta en primer lugar después de la conexión a un terminal en modo texto. Este archivo contiene las variables contextuales básicas de todos los procesos y sólo el administrador del sistema puede modificarlas. Por otro lado, este archivo ejecuta los comandos en el contexto del shell de conexión.

Nota

Este script sólo se interpreta en el momento de la conexión del usuario.

2.

```
[[tux]$ ls -a
.                capítulo5g   .gnome                 .qt
..               .config      .gnome2                .recently-used
a.out            derechos     .gnome2_private        .rhn-applet
.bash_history    Descargas    .ICEauthority          .rhn-applet.conf
.bash_logout     .dmrc        Imágenes               servicios2
.bash_profile    Documentos   .kde                   .sh_history
.bashrc          .eggcups     linux-2.6.12.tar.bz2   .thunbnails
bin              .emacs       .local                 .Trash
bin.tgz          Escritorio   .mozilla               Vídeos
.cache           .esd_auth    Música                 .viminfo
capítulo3        gconf        .plan
capítulo3g       .gconf       Plantillas
capítulo5        .gconfd      Público
[tux@localhost ~]$ cat .bash_profile
# .bash_profile

# Get the aliases and functions
if [ -f ~/.bashrc ]; then
      . ~/.bashrc
fi

# User specific environment and startup programs

PATH=$PATH:$HOME/.local/bin:$HOME/bin

export PATH
[tux@localhost ~]$
unset USERNAME
```

Este archivo tiene la misma función que el archivo `/etc/profile`, con la diferencia que puede ser modificado por el usuario para cambiar su propio contexto shell.

3. Una vez modificado el archivo, este da:

```
[tux]$ cat .bash_profile
...
alias lsr='ls /'
[tux]$ lsr
-bash: lsr: command not found
[tux]$ bash
[tux]$ lsr
bash: lsr: command not found
```

Las modificaciones aportadas al archivo no se toman en consideración.

4.

```
[tux]$ exit
exit
[tux]$ exit
```

Después:

```
localhost login: tux
Password: <la contraseña no aparece>
[tux]$ lsr
bin    dev   home    lib          media  mnt   opt    root   selinux   sys   usr
boot   etc   initrd  lost+found   misc   net   proc   sbin   srv       tmp   var
```

El archivo *~/.bash_profile* se ha interpretado en el momento de la conexión del usuario, por lo que el alias funciona perfectamente.

5.

```
[tux]$ cat .bashrc
# .bashrc

# User specific aliases and functions

# Source global definitions
if [ -f /etc/bashrc ]; then
        . /etc/bashrc
fi
export PS1='[tux]$ '
export LANG='es_ES@euro'
```

Al igual que el archivo ~/.bash_profile, el archivo *~/.bashrc* permite configurar el entorno del shell del usuario. Sin embargo, este último se interpreta cada vez que se inicia una nueva instancia Shell, y no únicamente al momento de la conexión del usuario.

6. Una vez modificado el archivo, este da:

```
[tux]$ cat .bashrc
...
alias lsu='ls /usr'
[tux]$ lsu
-bash: lsu: command not found
[tux]$ bash
[tux]$ lsu
bin   games    kerberos  libexec  sbin   src  X11R6
etc   include  lib       local    share  tmp
```

Esta vez, el archivo fue interpretado en el inicio de un nuevo shell, por lo que no es necesario reconectarse para activarlo.

7.

```
[tux]$ cat /etc/bashrc
# /etc/bashrc

# System wide functions and aliases
# Environment stuff goes in /etc/profile

# by default, we want this to get set.
# Even for non-interactive, non-login shells.
if [ $UID -gt 99 ] && [ "`id -gn`" = "`id -un`" ]; then
        umask 002
else
        umask 022
fi
...
```

El archivo `/etc/bashrc` tiene la misma función que el archivo anterior en todo el sistema; es modificable únicamente por el administrador.

Solución 9.3 Copia de seguridad de los datos de usuario

1.

```
[tux]$ cd /home
[tux]$ pwd
/home
```

2.

```
[tux]$ tar cvzf /tmp/tux.tgz tux
tux/
tux/.gnupg/
tux/.gnupg/trustdb.gpg
tux/.gnupg/pubring.kbx
tux/.gnupg/private-keys-v1.d/
tux/Documents/
...
```

La extensión `.tgz` significa que el archivo tiene un formato de archivo tar y un formato de compresión gzip.

3.

```
[tux]$ tar tvzf /tmp/tux.tgz
drwxr-xr-x tux/tux         0 2019-07-08 18:59 tux/
drwx------ tux/tux         0 2019-07-08 10:16 tux/.gnupg/
-rw------- tux/tux      1200 2019-07-08 10:16 tux/.gnupg/trustdb.gpg
-rw------- tux/tux        32 2019-07-08 10:16 tux/.gnupg/pubring.kbx
drwx------ tux/tux         0 2019-07-08 10:11 tux/.gnupg/private-keys-v1.d/
drwxr-xr-x tux/tux         0 2019-07-08 10:16 tux/Documents/
...
```

4. Por ejemplo, con la herramienta gráfica **Ark**:

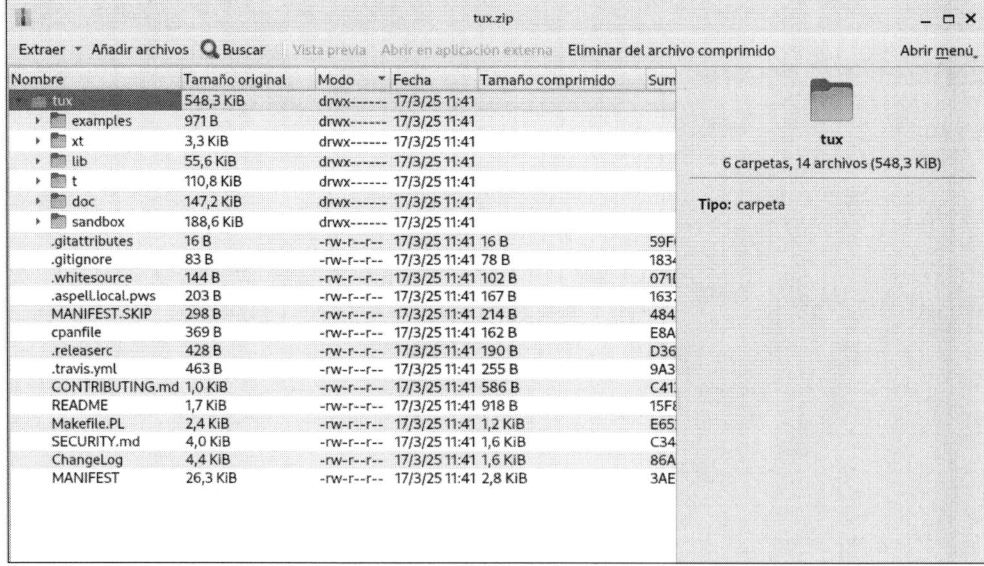

O también la herramienta File Roller en los entornos GNOME:

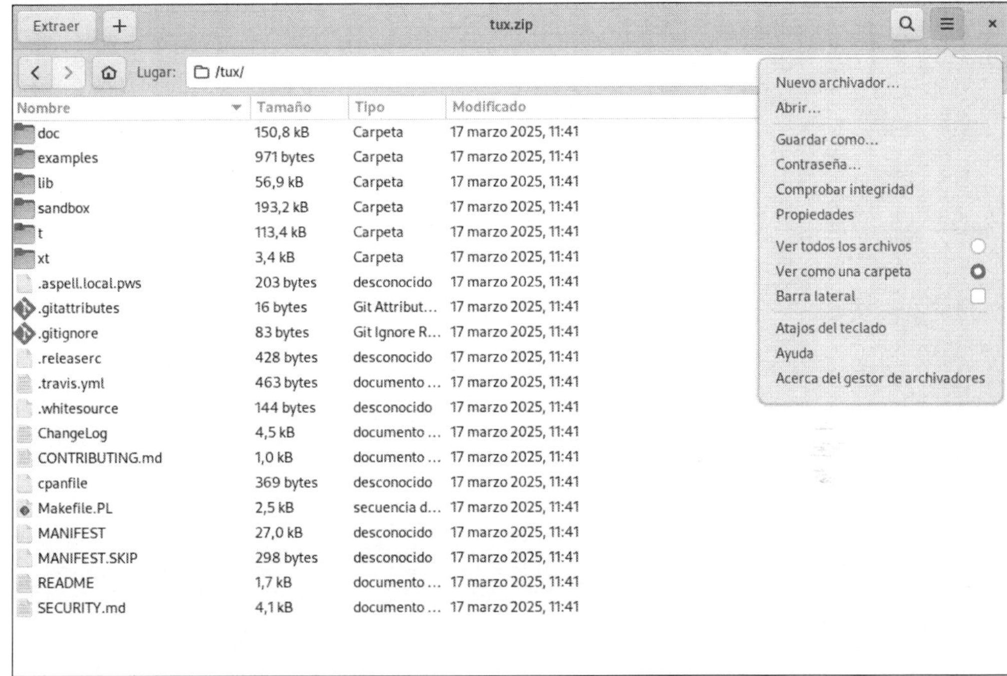

Capítulo 10
Herramientas Linux

Requisitos previos

1. a. **Falso**. El comando **ls** únicamente permite listar el contenido de directorios.
   b. **Verdadero**.
   c. **Falso**. Este no es un comando estándar Linux.
   d. **Falso**. El comando **locate** permite buscar los archivos en el árbol de Linux, pero únicamente según su nombre.
2. a. **Falso**. El comando **head** visualiza las primeras líneas de un archivo.
   b. **Falso**. El comando **tail** visualiza las últimas líneas de un archivo.
   c. **Verdadero**.
   d. **Falso**. El comando **ls** lista el contenido de directorios.
   e. **Verdadero**. El comando **sed** permite también filtrar el contenido de los archivos.
   f. **Verdadero**. El comando **awk** permite también filtrar el contenido de los archivos.
3. a. **Falso**. El comando **head** visualiza las primeras líneas de un archivo.
   b. **Verdadero**.
   c. **Verdadero**. El comando **awk** permite también visualizar ciertos campos de un archivo.
   d. **Falso**. El comando **join** permite fusionar las líneas de dos archivos con un campo común.

Solución 10.1 find

1. Pulse las teclas [Ctrl]-[Alt]-[F3], después:

```
localhost login: tux
Password: <la contraseña no aparece>
[tux]$
```

2.

```
[tux]$ cd
[tux]$ pwd
/home/tux
[tux]$ find .
.
./permisos
./.gnome2_private
./miscript
./.thumbnails
./.thumbnails/normal
./.thumbnails/normal/d4018c3831bb08001dfad1f175a8d667.png
./.thumbnails/normal/c2f2e44685edd23e94cfacc920c5bffc.png
...
```

3.

```
[tux]$ find /bin /lib
/usr/bin
/usr/bin/rm
/usr/bin/touch
/usr/bin/csh
/usr/bin/env
/usr/bin/rview
/usr/bin/su
...
/usr/lib
/usr/lib/libacl.so.1
/usr/lib/libasound.so.2
/usr/lib/libpam_misc.so.0
/usr/lib/libc-2.3.5.so
/usr/lib/libdevmapper.so
...
```

4. Árbol de directorios del subdirectorio *capítulo5*:

```
[tux]$ find capítulo5 -type d
capítulo5
capítulo5/dir2
capítulo5/docperso
capítulo5/dir1
```

Árbol de archivos ordinarios del subdirectorio *capítulo5*:

```
[tux]$ find capítulo5 -type f
capítulo5/fic2
capítulo5/docperso/fica
capítulo5/docperso/ficc
capítulo5/docperso/ficd
capítulo5/docperso/ficb
capítulo5/fic1
capítulo5/dir1/secret
```

5.

```
[tux]$ cd capítulo5
[tux]$ pwd
/home/tux/capítulo5
[tux]$ find . -name 'fic*'
./fic2
./docperso/fica
./docperso/ficc
./docperso/ficd
./docperso/ficb
./fic1
```

Nota

Los apóstrofes son obligatorios para que el shell deje la interpretación del carácter * al comando **find**; sin los caracteres de escape, el comando devuelve el error siguiente:

```
[tux]$ find . -name fic*
find: las rutas deben preceder a la expresión
Usage: find [-H] [-L] [-P] [RUTA...] [EXPRESIÓN]
```

6. Los mensajes de error visualizados por el comando **find** se deben a la falta de permisos de acceso del usuario **tux** sobre ciertos archivos presentes en el árbol del sistema; para no visualizar estos mensajes, bastará con redirigir la salida de error con los caracteres **2>**:

```
[tux]$ find / -size +10000k -o -perm 4755 2>/dev/null
/usr/lib/libh323_linux_x86_r.so
/usr/lib/libgcj.so.6.0.0
/usr/lib/aspell/fr-60-only.rws
/usr/lib/openoffice.org1.9.100/share/dict/ooo/th_en_US_new.dat
/usr/lib/locale/locale-archive
/usr/bin/cpufreq-selector
/usr/bin/kpac_dhcp_helper
/usr/bin/kgrantpty
/usr/bin/lppasswd
/usr/bin/rlogin
/usr/bin/at
/usr/bin/crontab
...
[tux]$ ls -lh /usr/lib/libh323_linux_x86_r.so
-r--r--r--  1 root root 20M mar 18 12:26 /usr/lib/libh323_linux_x86_r.so
[tux]$ ls -lh /usr/bin/crontab
-rwsr-xr-x  1 root root 78K abr 15 01:03 /usr/bin/crontab
```

7.

```
[tux]$ find /etc -name 'p*' -exec file {} \; 2> /dev/null
/etc/logrotate.d/psacct: ASCII text
/etc/logrotate.d/ppp: ASCII text
/etc/profile.d: directory
/etc/pbm2ppa.conf: ASCII English text
/etc/sane.d/plustek_pp.conf: ASCII English text
/etc/sane.d/pie.conf: ASCII text
/etc/sane.d/plustek.conf: ASCII English text
/etc/gaim/prefs.xml: XML document text
...
```

8.

```
[tux]$ find /home/tux/capítulo5 -name 'fic*'
/home/tux/capítulo5/fic2
/home/tux/capítulo5/docperso/fica
/home/tux/capítulo5/docperso/ficc
/home/tux/capítulo5/docperso/ficd
/home/tux/capítulo5/docperso/ficb
/home/tux/capítulo5/fic1
[tux]$ find /home/tux/capítulo5 -name 'fic*' -ok rm {} \;
< rm ... /home/tux/capítulo5/fic2 > ? o
< rm ... /home/tux/capítulo5/docperso/fica > ? n
< rm ... /home/tux/capítulo5/docperso/ficc > ? n
< rm ... /home/tux/capítulo5/docperso/ficd > ? n
< rm ... /home/tux/capítulo5/docperso/ficb > ? n
< rm ... /home/tux/capítulo5/fic1 > ? o
[tux]$ find /home/tux/capítulo5 -name 'fic*'
/home/tux/capítulo5/docperso/fica
/home/tux/capítulo5/docperso/ficc
/home/tux/capítulo5/docperso/ficd
/home/tux/capítulo5/docperso/ficb
```

Solución 10.2 grep

1.

```
[tux]$ ps -ef | grep bash
tux       29036    2410    0  02:37  tty2     00:00:00  -bash
tux       29075   29074   10  02:38  pts/1    00:00:00  -bash
tux       29100   29075    0  02:38  pts/1    00:00:00  grep  bash
```

Nota

La línea referente al proceso **grep** también se incluye en el resultado ya que la cadena de caracteres "bash" está presente en la línea de comandos.

2.

```
[tux]$ grep http /etc/services
#       http://www.iana.org/assignments/port-numbers
http            80/tcp          www www-http    # WorldWideWeb HTTP
http            80/udp          www www-http    # HyperText Transfer Protocol
https           443/tcp                         # MCom
https           443/udp                         # MCom
gss-http        488/tcp
gss-http        488/udp
http-alt        8008/tcp
http-alt        8008/udp
```

3.

```
[tux]$ grep -w http /etc/services
#       http://www.iana.org/assignments/port-numbers
http            80/tcp          www www-http    # WorldWideWeb HTTP
http            80/udp          www www-http    # HyperText Transfer Protocol
gss-http        488/tcp
gss-http        488/udp
http-alt        8008/tcp
http-alt        8008/udp
```

4.

```
[tux]$ grep -v home /etc/passwd
root:x:0:0:root:/root:/bin/bash
bin:x:1:1:bin:/bin:/sbin/nologin
daemon:x:2:2:daemon:/sbin:/sbin/nologin
adm:x:3:4:adm:/var/adm:/sbin/nologin
lp:x:4:7:lp:/var/spool/lpd:/sbin/nologin
sync:x:5:0:sync:/sbin:/bin/sync
...
```

Nota

Las líneas referentes a las cuentas de usuarios ordinarios no se visualizan ya que contienen la ruta del directorio personal del usuario la cual se encuentra en el directorio */home*.

5.

```
[tux]$ grep -c sbin /etc/passwd
30
```

6.

```
[tux]$ grep -l tux /etc/* 2>/dev/null
/etc/group
/etc/mtab
/etc/passwd
/etc/passwd.OLD
/etc/termcap
```

7.

```
[tux]$ grep -n tux /etc/* 2>/dev/null
/etc/group:47:tux:x:509:
/etc/group:48:tux2:x:510:
/etc/mtab:11:/dev/hdc /media/cdrom iso9660 ro,nosuid,nodev,
_netdev,user=tux 0 0
/etc/passwd:43:tux:x:509:509:Nicolas Pons:/home/tux:/bin/bash
/etc/passwd:44:tux2:x:510:510::/home/tux2:/bin/bash
/etc/passwd.OLD:43:tux:x:509:509::/home/tux:/bin/bash
/etc/passwd.OLD:44:tux2:x:510:510::/home/tux2:/bin/bash
/etc/termcap:25:# <http://www.tuxedo.org/terminfo>.
/etc/termcap:41:# be found at <http://www.tuxedo.org/terminfo>.
```

8.

```
[tux]$ grep -i iana /etc/services
# Note that it is presently the policy of IANA to assign a single  well-known
# The latest IANA port assignments can be gotten from
#       http://www.iana.org/assignments/port-numbers
#>The Registered Ports are listed by the IANA and on most systems can be
#>The IANA registers uses of these ports as a convenience to the
# Kerberos 5 services, also not registered with IANA
```

Solución 10.3 cut

1.

```
[tux]$ cut -f1,3 -d: /etc/group
root:0
bin:1
daemon:2
sys:3
adm:4
...
```

2.

```
[tux]$ ls -l /etc
total 3348
-rw-r--r--   1 root root   15289 mar 23 17:18 a2ps.cfg
-rw-r--r--   1 root root    2562 mar 23 17:18 a2ps-site.cfg
drwxr-xr-x   4 root root    4096 may 22 12:29 acpi
-rw-r--r--   1 root root      46 jun 23 03:42 adjtime
drwxr-xr-x   4 root root    4096 may 22 12:30 alchemist
-rw-r--r--   1 root root    1512 abr 25 18:48 aliases
-rw-r-----   1 root smmsp  12288 jun 29 00:02 aliases.db
drwxr-xr-x   4 root root    4096 may 22 12:31 alsa
drwxr-xr-x   2 root root    4096 may 22 12:43 alternatives
...
[tux]$ ls -l /etc | cut -c 2-10,26-31,45-
Total 3348
rw-r--r--  15288 a2ps.cfg
rw-r--r--   2568 a2ps-site.cfg
rwxr-xr-x   4099 acpi
rw-r--r--     42 adjtime
rwxr-xr-x   4090 alchemist
rw-r--r--   1518 aliases
rw-r-----  12282 aliases.db
rwxr-xr-x   4091 alsa
rwxr-xr-x   4093 alternatives
...
```

Nota

Los números de columnas pasados al comando **cut** dependen de la visualización devuelta por el comando **ls -l**, que, a su vez, dependerá de los archivos visualizados y del tipo de terminal empleado.

Solución 10.4 sort

1.

```
[tux]$ sort /etc/passwd
javier:x:508:502:Javier Portales:/home/javier:/bin/bash
adm:x:3:4:adm:/var/adm:/sbin/nologin
jose:x:506:502::/home/jose:/bin/bash
bin:x:1:1:bin:/bin:/sbin/nologin
daemon:x:2:2:daemon:/sbin:/sbin/nologin
dbus:x:81:81:System message bus:/:/sbin/nologin
sergio:x:501:500:Sergio Casas:/home/sergio:/bin/
...
```

2. El comando siguiente clasifica el quinto campo (**-k5**) del archivo utilizando el separador de campos **-t**::

```
[tux]$ sort -k5 -t: /etc/passwd
javier:x:508:502:Javier Portales:/home/javier:/bin/bash
adm:x:3:4:adm:/var/adm:/sbin/nologin
nfsnobody:x:65534:65534:Anonymous NFS User:/var/lib/nfs:/sbin/nologin
bin:x:1:1:bin:/bin:/sbin/nologin
daemon:x:2:2:daemon:/sbin:/sbin/nologin
ntp:x:38:38::/etc/ntp:/sbin/nologin
sergio:x:501:500:Sergio Casas:/home/sergio:/bin/bash
...
```

3. El comando siguiente clasifica numéricamente (**-n**) el tercer campo (**-k3**) del archivo utilizando el separador de campos **-t**::

```
[tux]$ sort -k3 -t: -n /etc/passwd
root:x:0:0:root:/root:/bin/bash
bin:x:1:1:bin:/bin:/sbin/nologin
daemon:x:2:2:daemon:/sbin:/sbin/nologin
adm:x:3:4:adm:/var/adm:/sbin/nologin
lp:x:4:7:lp:/var/spool/lpd:/sbin/nologin
sync:x:5:0:sync:/sbin:/bin/sync
shutdown:x:6:0:shutdown:/sbin:/sbin/shutdown
...
```

4.

```
[tux]$ ls -l /etc
total 3348
-rw-r--r--   1 root root   15289 mar 23 17:18 a2ps.cfg
-rw-r--r--   1 root root    2562 mar 23 17:18 a2ps-site.cfg
drwxr-xr-x   4 root root    4096 may 22 12:29 acpi
-rw-r--r--   1 root root      46 jun 23 03:42 adjtime
drwxr-xr-x   4 root root    4096 may 22 12:30 alchemist
-rw-r--r--   1 root root    1512 abr 25 18:48 aliases
...
drwxr-xr-x   2 root root    4096 may 22 12:32 xml
-rw-r--r--   1 root root     585 may 22 12:59 yp.conf
drwxr-xr-x   2 root root    4096 may 22 12:29 yum
-rw-r--r--   1 root root     253 may  5 19:12 yum.conf
drwxr-xr-x   2 root root    4096 may  5 19:12 yum.repos.d
```

El comando siguiente clasifica numéricamente (**-n**), de mayor a menor (**-r**), el quinto campo (**-k5**) de la salida del comando **ls -l** utilizando el separador de campos por defecto (uno o varios caracteres de espacio):

```
[tux]$ ls -l /etc | sort -k5 -n -r
-rw-r--r--   1 root root  799248 mar 17 00:38 termcap
-rw-r--r--   1 root root  434038 jun 23 03:39 prelink.cache
-rw-r--r--   1 root root   92812 mar  7 22:44 Muttrc
-rw-r--r--   1 root root   88731 jun 21 06:41 ld.so.cache
-rw-r--r--   1 root root   65682 mar  2 17:24 sensors.conf
-rw-r--r--   1 root root   28686 abr 30 19:47 jwhois.conf
...
-rw-r--r--   1 root root       0 may 22 12:29 cron.deny
-rw-r--r--   1 root root       0 ene 13  2000 motd
-rw-r--r--   1 root root       0 ene 13  2000 exports
-rw-r--r--   1 root root       0 abr 25 19:03 environment
```

Solución 10.5 head, tail

1.

```
[tux]$ head -5 /etc/passwd
root:x:0:0:root:/root:/bin/bash
bin:x:1:1:bin:/bin:/sbin/nologin
daemon:x:2:2:daemon:/sbin:/sbin/nologin
adm:x:3:4:adm:/var/adm:/sbin/nologin
lp:x:4:7:lp:/var/spool/lpd:/sbin/nologin
```

2.

```
[tux]$ tail -7 /etc/protocols
sps     130     SPS             # Secure Packet Shield
pipe    131     PIPE            # Private IP Encapsulation within IP
sctp    132     SCTP            # Stream Control Transmission Protocol
fc      133     FC              # Fibre Channel
# rsvp-e2e-ignore       134     RSVP-E2E-IGNORE
#       134-254                 # Unassigned
#       255                     # Reserved
```

3.

```
[tux]$ ls -l
total 11540
drwxrwxr-x  2 tux tux     4096 jun 21 06:05 bin
-rw-rw-r--  1 tux tux     1326 jun 21 06:27 bin.tgz
drwxrwxr-x  5 tux tux     4096 jun 19 20:38 capítulo4
drwxrwxr-x  4 tux tux     4096 ene  1  1970 capítulo4g
drwxrwxr-x  5 tux tux     4096 jun 29 01:41 capítulo6
drwxrwxr-x  5 tux tux     4096 ene  1  1970 capítulo6g
...
[tux]$ ls -l | tail -n+2
drwxrwxr-x  2 tux tux     4096 jun 21 06:05 bin
-rw-rw-r--  1 tux tux     1326 jun 21 06:27 bin.tgz
drwxrwxr-x  5 tux tux     4096 jun 19 20:38 capítulo4
drwxrwxr-x  4 tux tux     4096 ene  1  1970 capítulo4g
drwxrwxr-x  5 tux tux     4096 jun 29 01:41 capítulo6
drwxrwxr-x  5 tux tux     4096 ene  1  1970 capítulo6g
...
```

4.

```
[tux]$ head -n191 /etc/services | tail -n+188
mobilip-mn      435/tcp
mobilip-mn      435/udp
https           443/tcp                         # MCom
https           443/udp                         # MCom
```

El comando **head** conserva las líneas 1 a 191 del archivo, después el comando **tail** visualiza únicamente a partir de la línea 188 del resto. Por tanto, las líneas 188 a 191 del archivo */etc/services* son las que se visualizan.

Solución 10.6 Para ir más lejos

1. Inicie su navegador web, después cree un archivo de referencia como el siguiente:

```
[tux]$ touch /tmp/ref
```

Modifique las preferencias del navegador web, después ejecute el comando **find** siguiente:

```
[tux]$ find /home/tux -newer /tmp/ref
/home/tux/.mozilla/firefox/khea6ivv.default
/home/tux/.mozilla/firefox/khea6ivv.default/cert8.db
/home/tux/.mozilla/firefox/khea6ivv.default/formhistory.dat
/home/tux/.mozilla/firefox/khea6ivv.default/XUL.mfasl
/home/tux/.mozilla/firefox/khea6ivv.default/prefs.js
/home/tux/.mozilla/firefox/khea6ivv.default/localstore.rdf
/home/tux/.mozilla/firefox/khea6ivv.default/secmod.db
/home/tux/.mozilla/firefox/khea6ivv.default/key3.db
```

Todos los archivos devueltos por el comando **find**:

- tienen una fecha de modificación más reciente que el archivo de referencia,
- se encuentran en su directorio personal.

Hay por tanto una alta probabilidad de que éstos sean los archivos de configuración del navegador web que han sido guardados en el momento de la modificación de las preferencias.

2.

```
[tux]$ ls -l /etc | grep '^l'
lrwxrwxrwx 1 root root  22 may 22 12:59 grub.conf -> ../boot/grub/grub.conf
lrwxrwxrwx 1 root root  11 may 22 12:26 init.d -> rc.d/init.d
lrwxrwxrwx 1 root root   7 may 22 12:27 rc -> rc.d/rc
lrwxrwxrwx 1 root root  10 may 22 12:27 rc0.d -> rc.d/rc0.d
lrwxrwxrwx 1 root root  10 may 22 12:27 rc1.d -> rc.d/rc1.d
lrwxrwxrwx 1 root root  10 may 22 12:27 rc2.d -> rc.d/rc2.d
lrwxrwxrwx 1 root root  10 may 22 12:27 rc3.d -> rc.d/rc3.d
lrwxrwxrwx 1 root root  10 may 22 12:27 rc4.d -> rc.d/rc4.d
lrwxrwxrwx 1 root root  10 may 22 12:27 rc5.d -> rc.d/rc5.d
lrwxrwxrwx 1 root root  10 may 22 12:27 rc6.d -> rc.d/rc6.d
lrwxrwxrwx 1 root root  13 may 22 12:27 rc.local -> rc.d/rc.local
lrwxrwxrwx 1 root root  15 may 22 12:27 rc.sysinit -> rc.d/rc.sysinit
lrwxrwxrwx 1 root root  14 may 22 12:26 redhat-release -> fedora-release
lrwxrwxrwx 1 root root  11 may 22 12:28 rmt -> ../sbin/rmt
```